어린 시절 내게 시를 쓰라고 강요하는 사람은 없었다.
오히려 쓰지 말라고 했다.
하지만 그들은 한결같이 내 삶이 행복해지기를 원했다.
이제는 시를 쓰라 말라 상관하는 사람은 아무도 없다.
그렇게 무관심해져 가는 것은 세상 때문일까, 세월 때문일까.
남의 간섭을 받던 시절이 그립다.

국립중앙도서관 출판시도서목록(CIP)

그리운 것은 오래 전에 떠났다 = Yearing has gone long ago : 박건호 시집 / 지은이: 박건호. -- 서울 : 한누리미디어, 2007
  p. ;   cm

ISBN  89-7969-298-6 03810 : ₩8000

811.6-KDC4
895.715-DDC21                          CIP2006002660

박건호 시집
# Yearning has gone long ago
그리운 것은 오래 전에 떠났다

## 그리운 것은 오래 전에 떠났다

**서시**

## 그리운 것은 오래 전에 떠났다

그리워 마라
그리운 것은 오래 전에 떠났다
안개 짙은 새벽 보리밭 길 따라
너도 가고 나도 가고 세월도 갔다

맑은 유리잔에 네가 보이는 날은
지난 시절 생각하며 내가 울고 있구나
눈만 뜨면 몰라보게 세상은 변하고
정을 주는 것만큼 마음이 외로워

그리워 마라
그리운 것은 오래 전에 떠났다
먼지가 뽀오얀 신작로를 따라
너도 가고 나도 가고 세월도 갔다

**서문**

## 머나 먼 여로에서

슬프고, 억울하고, 고독했던 어느 날부터 나는 글을 쓰기 시작했다. 글을 쓰면 마음이 후련하고 누가 옆에 없어도 좋았다. 혼자 상상의 나라에서 자유롭게 날아다니며 중고등학교 시절을 보냈다.

군사도시이며 문화적 불모지였던 원주에는 모든 것이 메말랐다. 나는 시, 소설, 시나리오 등 모든 장르를 넘나드는 대문호가 되고 싶었다. 괴테, 릴케, 하이네는 물론 헤밍웨이, 세익스피어, 알렉산더 듀마 등에 심취했다. 잠시 자연과학자가 되고 싶다고 생각했던 적은 있지만 열세살 이후에는 문학 이외의 꿈을 가져본 일이 없었다.

문학은 내 고독과 그리움의 도피처이기도 했다. 그러나 나는 지금까지 문학을 단 하루도 생각하지 않은 날이 없으면서도 죄의식 같은 것을 느끼며 살았다. 그것은 순전히 나 혼자만의 자격지심 같은 것이었다.

왜냐하면 나는 첫시집만 달랑 내놓고 돈벌이를 위해 대중가요 가사를 써서 생활을 했기 때문이다. 릴케의 〈젊의 시인에게

보내는 편지〉를 받았던 문학지망생 가쁘스가 실제로는 작사가가 된 것처럼 나도 시인의 길이 아니라 작사가의 길을 걸었다. 그 길이 얼마나 외로웠다는 것은 여기에서 이야기하고 싶지 않다. 외형적으로 나는 잘 나가는 작사가였고 경쟁자도 별로 없었으니 사람들은 무슨 불만이 있겠느냐 할 것이기 때문이다.

하지만 음악인들 속에서 음악을 하지 않고, 문학인인 것 같으면서 문학인들 속에서 미운 오리 새끼 같은 나의 반생이 흘러갔다.

미국에서는 포크 싱어 봅딜런이 〈바람만이 아는 대답〉으로 노벨상 후보에까지 오를 정도지만 문학의 등급조정이 작품에 있지 아니 하고 철저히 장르에 있다고 생각하는 우리나라 문단의 고정된 시각은 나를 항시 언더그라운드에 머물게 했다. 그러나 그것도 체질이 되다 보니 오히려 자유로운 느낌이다. 나는 대중가요 하면서 인생을 알았고 그 바탕 위에 문학을 하려고 한다.

나는 시와 시인은 같아야 한다는 생각이다. 만약 시와 시인이 별개라고 느껴진다면 둘 중에 하나는 거짓이 아니겠는가. 많은 시인들이 시를 마음으로 쓰지 않고 머리로 쓴다. 그래서 황폐화 되어가는 문단, 그들은 어떻게 쓰느냐가 문제가 아니라 어디로 등단했느냐, 어디에 발표했느냐 하는 것 같은 사소한 문제에 더 목숨을 거는 것 같다. 그들의 지적 오만은 아직도 권위적인 우리 문단이 만들어낸 병폐 중의 하나라고 생각한다.

우리나라에서 시를 쓰려면 대학교수가 되거나 문예지 하나 쯤은 가지고 있어야 하는 것 같다. 대학, 문예지 중심으로 문단 권력이 형성되는 것이 현실이기 때문이다. 미당 서정주 선생께서 대시인이라고 칭하던 박재삼 선생이 살아 생전에 "오래 살다 보니 천하의 C지에서 원고청탁이 다 왔어" 하고 푸념조의 말을 하셨다. 그 말을 들으면서 나는 우리 문단 파워 게임이 어느 정도인지 알 수가 있었다.

노천명이 〈남사당〉을 발표했던 신문화 초기 때 이야기다. 그것을 잡지에서 읽고 아직 그를 알지도 못하던 장만영, 김용호, 김광균 같은 시인들이 훌륭한 시인의 탄생을 위해 축배를 들었다고 한다. 얼마나 아름답고 흐뭇한 이야기인가.

내 편이 아니면 인정하지 않는 문단, 어쩌면 나는 아무리 좋은 시를 써도 작사가라는 이름으로 불릴 것이다. 그러면 너는 왜 시를 쓰느냐 물으면 나는 서슴없이 대답하겠다. 죽을 준비를 하고 있다고. 내가 죽은 후 모든 이해관계가 해체되면 시인 박건호를 그리워 하는 사람도 얼마 쯤은 있지 않을까 해서라고.

시가 시로서, 시인이 시인으로서 존재가치를 부여받지 못하는 이 시대는 분명 문화적으로 불행한 시대임에 틀림이 없다. 이런 시대에 또 한 권의 시집을 엮는 것은 한 편으로 부담스럽기도 하다.

이 시집에는 이십대 후반에서부터 삼십대까지의 시가 가장 적다. 그때 쓴 것 중의 하나가 〈오늘〉이라는 시다. 내 인생의 황금기였던 그때 나는 대중가요 가사를 썼다. 〈모닥불〉〈잊혀진 계절〉〈아! 대한민국〉〈단발머리〉〈슬픈 인연〉 등이다.

　돌아보면 내가 시와 함께 했던 시간들은 한 찰나이면서 머나먼 여로였다. 그 여로의 어느 쉼터에서 만나 이것 저것 따지지 않고 정성스럽게 시집을 내주는 한누리미디어 김재엽 사장님께 감사 드린다.

2007년 1월 1일 아침에  박건호

## 차례

**서문**
6 | 머나 먼 여로에서

**1부**

17 | 생일
18 | 여름 전설
19 | 헛바퀴만 돈다
20 | 느르병 골짜기
22 | 호암계곡
23 | 족보를 펼치면
24 | 청이끼하고 살 테야
26 | 변신
28 | 여름은 꼭지가 떨어지고
29 | 하늘
30 | 오지그릇과 자동차
32 | 나의 밤
34 | 살
36 | 목포행
37 | 삼팔선 휴게소
38 | 오늘
40 | 6시 이후
42 | 단군의 아기
44 | 올림픽 공원에서
46 | 퉁소 소리
48 | 겨울 바람
50 | 배부른산
52 | 어느 위치에서
54 | 생명

## 차례

**2부**

빗소리 | 57
분녀 | 58
우리는 섬 | 60
내가 타고 갈 기차를 놓쳤어요 | 61
오직 한 사람 | 62
서울에서 우는 뻐꾸기 | 64
침묵 | 65
회오리 바람 | 66
우리의 봄 | 68
세환이를 위한 기도 | 70
고독은 하나의 사치였다 | 72
바람과 깃발 | 74
진화론 | 76
당신의 영토 | 78
내가 그리워하는 사람은 | 80
산 | 82
박제 | 83
너에게로 가는 길은 오직 하나 | 84
콩밥 | 85
이별은 너의 시간표에 있었다 | 86
너는 기차를 타고 떠났다 | 87
내 나이는 아직 스물 하나 | 88
바다 | 89
꽃을 바치지는 않겠습니다 | 90

## 차례

### 3부

- 93 | 수련화
- 94 | 나비전설
- 96 | 바다로 나가는 것은
- 97 | 사랑의 메시지
- 98 | 깊은 강
- 100 | 느티나무 사랑
- 102 | 이별을 위한 전주곡
- 104 | 겨울 꽃과 나비
- 106 | 느끼는 법
- 108 | 너를 만나면
- 110 | 비의 발라드
- 111 | 게으른 나비들의 봄날
- 112 | 늙은 도자기의 노래
- 113 | 골고다의 죽음
- 114 | 무지개 사냥
- 116 | 왈
- 118 | 모자이크
- 120 | 태초에 두려움이 있었더니라
- 122 | 오리구이
- 123 | 망명자의 노래
- 124 | 시민론
- 125 | 신라의 밤
- 126 | 유리 상자 안의 신화
- 128 | 백두산
- 130 | 두만강
- 132 | 날아간 나비를 생각하며

## 차례

### 4부

다른 세기의 자화상 | 135
무지개 인생 | 136
어떤 이별 | 137
벨소리가 들려오지 않는다 | 138
표류 | 140
군산기행 | 142
딸랑딸랑 나귀의 방울소리 위에 | 144
가을에는 | 146
어떤 바다의 노래 | 147
섬진강 | 148
영월로 가면서 | 150
쥐똥나무꽃을 보면서 | 152
떠났다 | 153
아! 강원도 | 154
오리고기 앞에서 | 156
게의 속살을 파먹으며 | 158
목숨의 끝 | 160
배신 | 162
꽃 | 164
다른 세기를 위한 노래 | 166
침몰 | 168

### 시해설
신지혜 / 불굴의 시혼과 파노라마의 시세계 | 169

# 1부

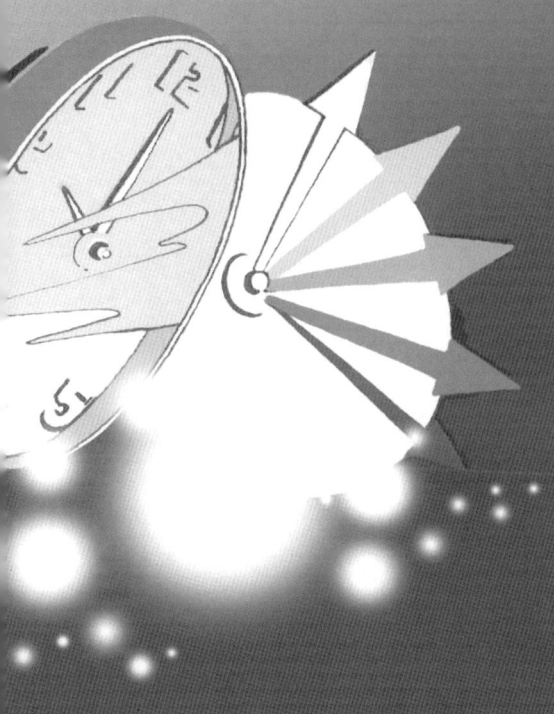

생일
여름 전설
헛바퀴만 돈다
느르병 골짜기
호암계곡
족보를 펼치면
청이끼하고 살 테야
변신
여름은 꼭지가 떨어지고
하늘
오지그릇과 자동차
나의 밤
살
목포행
삼팔선 휴게소
오늘
6시 이후
단군의 아기
올림픽 공원에서
퉁소 소리
겨울 바람
배부른산
어느 위치에서
생명

## 생일

음력
정월
스무
이튿 날
온 마을을
떠들썩한 축제로 만들어 버린
지주의 장손
탯줄 가른 우렁찬 울음소리는
닭소리보다 밝은 아침을 몰고 왔느니
열여덟 살 손주 며느리는 대견스럽더란다
미역국 손수 받쳐 들으신
증조 할머니 부드러우신 한 마디는
(아가야, 참말 늬… 고생했느니라)
하늘이 그대로 쏟아져 고인
증조 할머니 마음 안에
한결 벅찼던 그날

## 여름 전설

그 발가벗은 피부에
흐트러진 여름은
두레우물 도깨비 불이 태워 버리고
소나기만 퍼붓더니
어느 하늘로 쑥 빠져 달아난다
빈 껍데기가 바람을 따라 돌다
세월 밖으로 밀려 나온다
햇볕은 식고
나의 안으로 흔들리는 여름이
과일마다 머무르다가
엉뚱한 바닷가로 떨어진다

## 헛바퀴만 돈다

내가 굴렁쇠를 굴리면
네가 감기어서 구르고
네가 고무줄을 뛰면
내가 묻어서 뛰고
마음 잔잔한 양지 쪽에
웃음이 오고 가던 봄날을
신이 주던 운명의 잔에
철철 넘쳐 흐르던 우리들의 유년은
이제 때가 묻었는데
꽁꽁 얼음판을 미끄러져 달리던 달리던
거침없는 꿈이여
산너머 그 너머로
순하디 순한 즐거움을 둥둥 떠 나르던 종이연은
아주 실이 끊어지고
추억의 기슭에 너를 묻어둔 채
다시 팽이를 돌리면
무심한 세월이여 헛바퀴만 돈다

## 느르벙 골짜기

그날은 가 버리고
무덤들만 덩그러니 남아
기나긴 세월을 흘러 내려온 이야기는
까마귀 울음으로 자지러지다
낙향한 시인은 울고
긴 한숨이 버드나무 가지에 칭칭 늘어져
한 세상 민들레 꽃씨처럼 날아간 기다림이여
뿌우연 안개가 휘덮인 품 안에
둥둥 떠다니는 하늘만 덧없이 마음하다
거품으로 부서져 버린 노래는
째어진 돌 틈 사이로
눈물되어 솟아나는가
손을 담그면 나의 빈 가슴을 울리는 말씀들이
영혼을 메아리친다
주춤 머문 바람이 햇살을 부셔
조용히 돌아나가는 산굽이로
한양을 못내 그리워하던 여생은
돌로 다져진 채

그날은 가 버리고
무덤들만 덩그러니 남아
기나긴 세월을 흘러 내려온 이야기는
까마귀 울음으로 자지러지다

## 호암계곡
— 虎岩溪谷

억만 광년을 비껴 서서
취한 김에 오줌을 내려 갈기면
금시 쓰러져 오는 산들
천길 벼랑으로 위험한 삶을 장난하다
나무는 등이 굽어 있는데
여기저기 흩어져 사는 산신령이
고래고래 산울림한다
귀를 헝크러 놓고 멈칫 서서
눈알을 부라리고 있으면
날카롭게 가슴을 째는 바위들
피가 철철 흘러 내려
어흥어흥 울부짖는 역사가
사지를 떨고 돌아다뵈는 나의 위치는
호랑이처럼 노하지도 못하는
바위처럼 침묵하지도 못하는
어두컴컴한 그늘 아래
처절히 뼈를 녹이는 발시린 곳이다

## 족보를 펼치면

묵은 궤짝을 열어 본다
코를 찌르는 세월의 냄새
자욱한 먼지 속에 누렇게 퇴색한 문서들
계보를 펼치면 아득히 설화가 핀 고요의 기슭을
왕가로부터 갈라져 흐른 화려한 길들
많이들 뻗어 왔구나
서로 얽혀 시끄러운 오늘
나는 어느 곳으로 뚫어 나가야 하는가
세대의 무수한 얼굴들이 나를 지켜 보는데
바람이여
옛 것들은 말짱히 씻어냈어도
아직 더러는 남아 있는 나의 가정
몇 날의 빛을 하늘에다 부셔 버리고
머언 날보다 의젓한 나의 족보를 위해서
더욱 무거운 짐을 지고
흘린 땀만큼
벽을 깨뜨려야 하느니

## 청이끼하고 살 테야


해마다
이끼를 긁으러 오는 사람들
기와를 깬다고 증조할머니 역정은
배부른산 정기 노하듯
고요한 대청을 쩌렁쩌렁 울리더니
옛 기와 검게 그을은 가슴으로
단단한 이야기를 새겨두고 그날은 가 버렸는가
삐거억 대문을 열고 들어서니
봉당 위에 하이얀 햇볕
서까래 사이를 무겁게 내린 옛집은
기억에 묻혀 말이 없다
사랑방에 무릎 꿇고 글을 읽던 아이들이
지금은 뿔뿔이 어디 가고
뒷숲 신지핀 서낭나무도
세월의 채찍에 멍들었어라
벌레 먹은 고야나무 앙상한 가지 위에
내 유년은 뛰어 노는데
푸른 풀섶마다 촉촉한 이슬이여 이슬이여

원죄를 흐느끼는 배암이 울어
할아버지 땀 흘리고 간 비탈진 뽕나무 밭
고지 박힌 채
하늘은 그래도 창창하여라
엄마야 엄마야
오늘같이 고운 내 마음일레
젖줄기 따라
옛날로 거슬러 갈 테야
다시 어린애가 되어
고색창연한 지붕 꼭대기
청이끼하고 살 테야

# 변신
― 變身

우리들은 도배를 한다
희미하게 지워지는 무늬와
뚫어진 천장 사이로 새어 나오는 쥐오줌 냄새
우리들을 취하게 하는
모든 것들을 매장해 버리고
한 꺼풀 새아침을 배운다
문득 터지는 꽃망울 속 맑은 대기에
환히 주름져 오는 미소
우리들의 수고와 작은 진통이 쉬게 될 방안에서
아직 가시지 않은 풀냄새
쾌활한 박수소리를 듣는다
제한된 넓이를 다스리는 우리들의 영역에서
묵는 내용들을 낡은 껍데기들을
지그시 묵살해 버린다
끈적끈적하게 달라붙는 도배지
그것들은 우리들의 끼인 먼지를 털어내고
싱싱한 아침이 된다

우리들은 몹시 피로했다
어지러운 건널목에서 한참을 두리번거리다가 계절을 잃
어버렸다 장바구니를 들고 시장에서 불안하게 우글거
리다가 비린내와 안타까운 지폐의 푸념에 귀가 따가와
머리를 흔들면서 돌아 왔다

깨끗하게 발라놓은 방안에서
우리들은 제나름대로의 씨앗이 된다
태양이 뜨고
따스한 입김은 찬란한 이야기를 담아
우리들의 음악이 된다
남은 것은 여유있게 달력을 넘기며
하늘로 달려 보는 것
푸른 그늘 아래 마주 비치는
이웃들의 눈망울에서
푸짐한 계절을 읽어야겠다

## 여름은 꼭지가 떨어지고

여름은 꼭지가 떨어지고
환락에 들뜬 모든 사람들이
마음을 가다듬으며
눈물을 익히도다
흐트러진 옷자락을 여미고
저마다 내밀의 세계를 발돋움하여
땀 흘린 보람의 언덕으로
바람은 감미로워
과실마다 터져 나오는 달디단 맛
알찬 그 안에 신을 모시고
진지한 이야기는 시작되도다

# 하늘

옛날 하늘 위에는
사람들이 줄지어 간다
눈부신 푸르름 속으로
혹은 햇살 속으로
자꾸자꾸 녹아 들어가는
나를 벗어나와
다시 손을 내밀어 보면
하늘은 없다
사람들은 어둠 속으로 떠나고
안녕이란 말도 없이
슬그머니 사라진 하늘
하늘은 내 유년의 기억에서
뽀오얀 먼지를 뒤집어쓰고 있다가
나를 손짓하기도 한다
오늘은 산꼭대기에 올라가
하늘이나 끌어 당길까

## 오지그릇과 자동차

오지그릇 속에서
쏟아져 나오는 말들이
자동차에 치어 죽어 버리는 도시
나를 맴도는 시간 밖으로
수천 갈래의 길은 뻗어 나가고
논쟁에 지고 돌아온 저녁
머언 먼 배부른산
서낭나무에 매달린 소망이
오지그릇 속으로 연결되다가 밀려난다
피비린내가 묻은 문마다 나를 발라 놓고
무엇인가 있을 뜨끈한 눈물과
눈물 안으로 열리는 꽃길을
눈을 비비고 들여다보다가
때늦은 내 옷 속으로 슬그머니 기어드는
자동차 소리에 놀란다
시대는 앞질러 가고
수없이 다가와 목이 터지는
울다 못한 소리들

거리에 나와 뛰놀 수 없는
눈이 먼 오지그릇들
오지그릇과 살다가
내 말은 오지그릇을 닮아가지만
가슴을 깎으려는 자동차 소리
혓바닥을 찌르며 미끄러져 들어온다
나는 골목길을 돌아 돌아
숨차게 달아나다가
오지그릇 속으로 숨어 버린다

## 나의 밤

살풀이하고 싶다
나를 지워내려 가다가
문득 머물러지는 배부른 산 밑
정월 열나흗날 띄워 보낸 연줄이나
대보름날 내다버린 옷가지들이
지겹도록 다시 찾아 들어와
오늘 밤은 잠을 엎지른다
잠을 비운 둘레로 쉴새없이 집을 짓는 거미들
그들과 동업하고 있는 귀신들이
나를 쓰러뜨린다
우쭐하게 버티고 선 도시
어디선가 이를 갈고 있는 소리가
빌딩에 망치질하며
내 작은 심장에 대못을 박고 있다
나의 주검은 손을 내밀어 하얀 피를 받아낸다
밤마다 이마를 벗겨 가는 귀신들
내 눈동자는 뼈 위에 걸치고 앉아
고향을 손짓하고

억만 광년으로 주저앉아 버리는
두견새가 운다
저 문밖에서 닭과 달걀이 자리다툼을 하며
고향으로 가는 길은 모조리 허물어 놓고
마지막 땀 흘리는
나의 작업이 마련되어 있는데
바람이 때를 묻혀 살을 입히고
손발이 딱딱해지는
이 타향에서의 서툰 살림살이는
아무리 털어내면서 살아도 몸살을 앓는다
살풀이하고 싶다
타향의 살림 밑천을 다 털어내어
온 밤을 한 데 불러 앉히고
살의 것들은 다 토해 버리자

# 살
—肉

살을 따라 여기까지 왔다
오늘은 살을 뜯어내자
갖가지 눈물을 범하는
살 같은 것은 다 뜯어내자
저기 또 저승 못간 귀신들이 운다
이승 근처에서 피 비린내를 맡으며
살에서 진 것들을 앙갚음하는 귀신들
남의 혼들을 빨아 마시고
회오리 바람 되어
불꽃을 튀기는 귀신들이여
우리들의 고향으로부터
빨갛게 사루어지는 웃음이 있다
꽃잎에 머물지 않아도
향기가 쭈욱 쭉 쏟아져 나와
내 몸을 한 바퀴 돌아나가는 웃음이 있다
안타까운 표정으로 가는 그 웃음이
저승에나 가서 머리 맞대고
가슴을 엮어 보자고 한다

이미 다 부서진 이빨을
또 다시 갈고 있는 이 삼경으로
누구는 또 슬그머니 다가와
하늘의 그 아스라한 고향으로
핏줄을 뽑아 울리다가
되려 살 속 깊이 그늘이 묻어 들어와
오늘은 그것이 내 살을 썩히고 있다
혼도 달라붙어 썩어가고 있다

## 목포행

전라남도
어느 들판을 달리는 목포행 버스에서
갑자기 외로워지는
나의 전신은 너의 것이었다
한낮이 퍼붓는 햇살의 무게 속에는
네가 숨어 있는 것일까
차창으로 밀려드는 더운 바람은
승객들을 지치게 하는데
추억 속으로 맴도는 나의 방황으로
전 국토는 사랑의 땅이 된다
낯선 이곳이 동대문 근처나 종묘로
탈바꿈한 것은 아니지만
전라남도 어느 들판을 달리는 목포행 버스에서
나는 너의 눈망울을 본다
잊을 수 있는 곳으로 도피한 내가
머리카락을 나부껴 오는 너를 본다
나의 전신은 역시 너의 것이었다

# 삼팔선 휴게소

삼팔선 휴게소에서 사진을 찍고
한 잔의 커피를 마시면서 생각에 잠긴다
저 쪽 편에는 한가로운 어촌의 풍경이
햇빛 속에 살아 있고
물결은 웅얼거리고 있는데
나의 가슴에서 떨어져 가는
사천만 개의 모래알
자칫하면 밟지 못할 삼팔선 이북의 땅도
별 다른 것은 없다
동과 서로 연결되는 이 아픔의 선이
지워지지 않은 채
바다 위에 띄워 보는 내 마음은 올해 여름도
또 한 번 착잡하다
나는 지금 동쪽 삼팔선 휴게소에서
바다를 보며 서 있다

# 오늘

어느 날 나는
낡은 편지를 발견한다
눈에 익은 글씨 사이로
낙엽 같은 세월이 떨어져 간다
떨어져 가는 것은 세월만이 아니다
세월은 차라리 가지 않는 것
모습을 남겨둔 채 사랑이 간다
비 오는 날 유리창에 흘러내리는 추억은
한 잔의 커피를 냉각시킨다
그러나 아직도 내 마음은 따스한 것을…
저만큼의 거리에서 그대 홀로 찬비에 젖어간다
무엇이 외로운가
어차피 모든 것은 떠나고
떠남 속에서 찾아드는
또 하나의 낭만을
나는 버릴 수가 없다
그렇다 이미 떠나 버린
그대의 발자국을 따라

눈물도 보내야 한다
그리고 어느 날 내가 발견한 낡은 편지 속에서
낯선 사람을 만나듯 그대를 보게 된다
아득한 위치에서 바라다 보이는 그대는
옛날보다 더욱 선명하다
그 선명한 모습에서
그대는 자꾸 달라져 간다
달라지는 것은 영원한 것
영원한 것은 달라지는 것
뜨겁고 차가운 시간과 시간 사이로
나는 이해할 수 없는 하나의 공식 속에서
오늘을 살아간다

# 6시 이후

저녁 6시 이후는
고독한 자의 징역시간인가
갑자기 밀려드는 자유가 나를 구속하고
도시는 감옥이 된다
저녁 6시 이후는 애매한 시간
나만 홀로 갈 곳이 없어
탈출하는 수형자의 자세로 서 있다가
가슴을 파고드는 공허와 만난다
공중전화 앞에서 잊혀져 간 이름들을 생각하다가
육교 위나 지하도에서
서성이며 헤매는 나를 본다
나는 지쳐 있다
바람에 날리는 머리칼인 채 어지러운 내가
우수의 날개를 타고 멀리 날아본다
생활을 벗은 자인가
생활을 벗지 못한 자인가
황폐한 표정들 위에 불빛이 흐르고
거리에는 추억을 먹고 사는 내가 남는다

나에게 도시는 커다란 수갑이 되어 조여들고 있다
저녁 6시 이후는 모든 것이 화려하지만
징역시간과 같은 고독 속에서
누군가를 그리워해 본다
끝내 혼자일 수 밖에 없는 나의 시야는
어디로 향하고 있는가
도시의 이 목마름을 느끼면서
누군가를 부르고 있다

## 단군의 아기

달빛이 차가운 태평양 상공
엔진소리만 요란한 미국행 비행기에서
양부모를 찾아가는 단군의 아기가
갑자기 울음을 터뜨린다
그것은 마지막 모국어
알 수 없는 분노와 슬픔으로
나의 가슴은 찢어지는데
무표정한 이방의 승객들은 눈살을 찌푸린다
안절부절 못하는 파란 눈의 아가씨야
아기를 달래려고 애쓰지 말고
그냥 울게 내버려두라
네가 물려주는 미국산 우유로는
한 방울의 눈물도 씻어낼 수 없느니
지금도 방황하고 있을 어느 미혼모와
비정한 사나이를 향하여
차라리 저주의 기도를 올려라
그리고 함께 울어라
한반도의 아픔이 흩어지는 태평양 상공

날짜 변경선을 지날 무렵
우리의 사랑스런 단군의 아기가
울다 지친 얼굴로 잠이 든다
그것은 체념의 시작
파란 눈의 아가씨는
비로소 안도의 숨결을 몰아쉬며
시계바늘을 돌리고
승객들은 다시 눈을 감는데
나의 가슴은 갈갈이 찢겨진 채
밤바다를 향해 곤두박질한다
아무런 죄도 없이 이름을 잊어버린 아이야
나는 너에게 무슨 말을 해야 하느냐
조국이 멀리 사라져 가는 태평양 상공에서
너를 버린 엄마를 생각하며
배냇짓하는 아기야

## 올림픽 공원에서

추억으로 간직하기 위해
기장과 앨범을 가지러 오는
자원봉사자들의 발자국 소리가
무척 쓸쓸해 보이는
올림픽 공원

1989년도
어느덧 2월에 접어들고
나뭇가지마다 햇살이 내려와서
한겨울을 밀어내고 있다

열세 마리의 오리가 물에 떠 있는
호수가를 돌아 나와서
조각품을 구경하고 있는
두 명의 여자 아이와 만나고

도시 속에 고요를 만들어 놓은
누군가에게 목례를 올리는 순간

몽촌토성을 걷고 있는 나를 본다

이 세상이
한 순간에 정지해 버린 듯한 적막감 속에서
함성소리는 태고보다 더 멀리 있고

죠스 모양을 한 수영장 앞에서
탁구 경기장 앞에서
또는 역도 경기장 앞에서
팔십년대는 역사 속으로 흐르고 있다

어쩔 수 없는 세월의 흐름을 따라
우리들의 이야기와 감정은
망각 속으로 떠나고 있다

## 퉁소 소리

누가 웃으며 오고 있다
저 눈부신 햇살을 데불고 하늘을 펄럭이며
웃음이 내 피부 속으로 한 겹 두 겹 수놓아지려고 한다
조금만 더 나가 웃음 안으로
슬그머니 미끄러져 들어가 볼까
그런데 누구는 또 퉁소를 분다
그 대나무 숲으로 가서 살점이 삭혀지도록
목타게 소리지르다 소리지르다
끝내 퉁소를 부는 내력을 불어대고 있다
웃음이 이는 소리
짙은 향기가 물살이 되어
꿈으로도 생시로도 마구 퍼져 들어오며
나를 끌어당기고
웃음은 누비이불 되어 영원의 길을 덮고 있지만
하늘 땅 다 내버려두고 귀를 막아도
퉁소소리가 들린다
손마디 마디마다 뼈가 으스러지는 퉁소소리여
오늘은 웃음을 좀 멀리에 두자

오늘은 잠시 눈을 감기로 하자
울다 못한 소리가 무르녹아
이제는 웃어야 하는 사람들을 다 잊고
퉁소소리가 들린다
누가 웃으며 웃음에다 살을 씻으며
날더러 살을 씻으라 일러주며
속 깊이 스며들어 오려 한다
내 심장으로는 퉁소소리가 또 감기어 들어오고
바람이 맞잡고 돌아가며 그 안에 나를 가둔다
웃음만 전생의 업으로 삼고 있는
여기쯤 와서야 보이는 저들
엎드려 눈을 감으면 웃음은
두 볼에 살짝 스쳐 지나간다
저 눈부신 햇살을 데불고 하늘을 펄럭이며 지나간다
퉁소소리는 내 발목을 묶어 놓고 자꾸 지나가 버린다
어차피 오늘은 몸부림이나 하다 말 것인가

# 겨울 바람

내 유년에 녹음된
증조 할머니의 기침 소리다
이 겨울따라 점점 볼륨을 높여
내 목뼈 근처로 틀어대고 있는
고향의 소리다
말하자면 서낭나무를 찍어대던 옆집 머슴
귀동이의 낫이거나
그 시퍼런 날 밑을 아슬아슬하게 빠져 나온 귀신들이
얼어붙은 어둠길을 쓰러질 듯 쓰러질 듯 지나
증조 할머니 심장 안으로 비스듬히 누워
조금씩 조금씩 다 갉아 마시고
남은 것들이
그 몸을 끌고 가는 소리
바람이 분다
겨울 바람은 내 유년의 청기와 이끼를 벗기고
거기 묻어 있던 하늘을
얼음 속에다 꾸겨 넣는다
햇볕이 떨면서 달아난

증조 할머니 귀향 길에 들던 소리
"콜록콜록콜록콜록…"
지금은 지구가 안 보이실 만큼 가서서
이승을 씻어내고 계실까
세월이 흘러도 기침 소리가 들린다
내 유년이 부축해 드린 기침 소리가
가래 끓는 소리가
아무도 눈치 안 채게 털오바 한 벌쯤 얻어 입히려 한다
사람들이 모두 잠든 이 겨울
늘 삼경으로만 있는 바람 소리는
내 심장과 내 살을 마구 뜯어내고
증조 할머니를 부르는 목소리가 된다
증조 할머니의 목소리를
잘 흉내내어
이 겨울은
그 귓속으로 들여보내고 있다

# 배부른산

배부린 산이
배부른 산으로 변한 것은
글자 한 자의 차이지만
그 뜻은 정반대인지도 모른다
지선이의 말에 의하면 옛날 이 산봉우리는
용궁 가는 나루터라고 한다
그 물결 출렁이고
용궁으로 떠나는 사람들이
내 유년의 꿈 속에 보이곤 했는데
바닷물이 마른다
천년 쯤서 말라 들어와 입술을 타 태우고
드디어 영혼까지 다 태우려는
그 소리 되살아나는 가뭄이 드는 때는
온 마을이 슬픔에 잠긴 채
하루를 꼬박 굶어 눈물이 되고
사나흘 계속해서 더 굶어 그 속에 주저앉는다
옛날은 접어두고 마을 사람들은 다 잊었는가
곳간 속에 쌀가마나 쌓아둔 산은

이제 효험이 끊겼는가
날마다 허리띠 졸라매고
두 손을 모아 비는 사람들 곁에서
서낭나무는 눈을 감는데
온 마을을 움켜쥔 채 귀를 막는데
바닷물이 마른다
천년 쯤서 말라 들어와
항시 되살아나는
배부른산 밑
내 고향

## 어느 위치에서


너와 함께
이 강변을 걸어보지 못하고
나의 청춘이 가 버리나
물결은 바람에 흔들리고
나는 추억에 흔들린다
목놓아 울부짖는 소리
그냥 이대로 남겨두고
이 세상을 하직하는 나그네인 양
말 없이 발길을 돌리고 있다
어느 하늘 아래 그대가 있어
또 하나의 노래를 부르나
한 사람의 행복은 한 사람의 불행이 되어
이 대지에 피어난
슬픈 꽃이라고 이야기하자

너와 함께
이 거리를 거닐어 보지 못하고
나의 인생이 끝나는가

못다 부른 노래의 소절은
먼 하늘에 메아리 되어 흘러간다
어둠이 와도 지워지지 않는 그림자 하나
허공을 맴돌고 있다
뒤에 오는 사람은
누군가를 만나러 오지만
결국은 잊어버리고 간다
언제라도 떠나는 것은 쓸쓸하고
쓸쓸함의 뒷맛은
여기 남는다

# 생명

맨 처음 이 생명은 엄마의 것이고
그 다음 이 생명은 나의 것이고
지금의 이 생명은 당신의 것입니다
나는 당신의 그릇입니까
당신은 나의 그릇입니까
우리는 서로의 모습을 결정짓는
그릇일 수 있겠습니다만
이조백자나 고려청자에 담기는
맑은 물이 되고 싶습니다
당신을 위해 존재하는 하나의 생명이라면
나의 생명은 당신의 것이 되어
당신의 하늘을 날고 있는 작은 새인지도 모릅니다
앞으로 남겨진 시간 속에서
파닥거릴 작은 날갯짓은
누구의 하늘을 날을 것입니까

## 2부

빗소리
분녀
우리는 섬
내가 타고 갈 기차를 놓쳤어요
오직 한 사람
서울에서 우는 뻐꾸기
침묵
회오리 바람
우리의 봄
세환이를 위한 기도
고독은 하나의 사치였다
바람과 깃발
진화론
당신의 영토
내가 그리워하는 사람은
산
박제
너에게로 가는 길은 오직 하나
콩밥
이별은 너의 시간표에 있었다
너는 기차를 타고 떠났다
내 나이는 아직 스물 하나
바다
꽃을 바치지는 않겠습니다

# 빗소리

빗소리를 듣는다
밤중에 깨어나 빗소리를 들으면
환히 열리는 문이 있다
산만하게 살아온 내 인생을
가지런히 빗어주는 빗소리
현실도 꿈도 아닌 진공의 상태가 되어
빗소리를 듣는다
빗소리를 듣는다는 것은
얼마나 반가운 일이냐
눈을 감으면 넓어지는
세계의 끝을 내가 간다
귓속에서 노래가 되기도 하는 빗소리
이 순간의 느낌을 뭐라고 표현할까
빗소리를 듣는다
빗소리를 듣는다는 것은
얼마나 반가운 일이냐

# 분녀

이른 아침
보리밭 사잇길을 따라
후살이 가는 분녀의 어깨 위에
안개가 내린다

안개 속에 마을은 지워지고
배웅 나왔던 사람들의 모습도 지워지고
숨어서 우시는 시어머니의 눈물도
이제는 모두 지워지는데

풀잎을 밟고 가는 분녀의 발길마다
첫 남편 칠성이의 속삭임이 젖는다

아, 온통
이슬뿐인 가슴으로
총소리가 날아와 박혀
메아리처럼 퍼진다

총소리 끝에서 별들은 떨어지고
텅빈 하늘에 남겨진 나머지 별들도
빛을 잃어버린 그 해 여름에

장으로 팔려 가는 암소처럼
후살이 가는 분녀의 어깨 위에
안개가 내린다

## 우리는 섬

한 친구가 떠나도 빈 자리는 없다
또 한 친구가 떠나도 빈 자리는 없다
진실이 맥주잔 밑으로 가라앉고
웃음이 거품처럼 부푸는데
나는 오늘도 취하지 못한 채
그들의 대화에서 그들의 고독을 건져낸다
내가 너를 알려고 했던 것은
얼마나 무모한 일이던가
너는 만날 때마다 늘 다른 얼굴로 다가오고
우리는 저마다 하나의 섬
빌딩 한복판을 걷다가도 파도 소리를 듣는다
바위에 부딪히는 물결의 울부짖음을 듣는다
떠나갈 사람의 떠남과
떠나갈 사람의 망설임 사이에는
아무런 차이도 없는 것
저마다 가슴에는
타인이 와서 머물 자리가 없다

# 내가 타고 갈 기차를 놓쳤어요

그해 겨울 어느 눈 내리던 밤에 내가 타고 갈 기차를 놓쳤어요. 그대 미소는 나를 사로 잡았고 우리는 너무 행복했어요. 그러나 그대는 변했으니 저 험한 길을 나는 또 가야 합니다. 생각해 보면 꿈같은 추억이지만 그 아름다운 기억들을 잊으렵니다.

바람 타고 들려오는 기적소리는 왜 이렇게 슬프게만 들려 오나요. 그래요, 난 그대 곁에 머물지 않더라도 다음 기차는 타지 않겠어요. 여기 놓여진 나의 인생 그 모든 것은 시간이 말해 주는 것 지금의 아픔 아물어질 때까지 난 나의 길을 서둘러 가진 않아요.

바람 속을 달려오는 기적소리는
내 운명의 방향을 바꾸려고 하지만
나의 갈 길은 따로 있기에
그냥 이대로 떠나렵니다

## 오직 한 사람

이별을 생각하고 만난 것은 아니지만
우리들은 항시 보내는 것에 익숙해 있다
어느 누구건 긴 시간을 함께 하려고 하면
그 만큼의 인내가 필요한 것
때가 되면 우리는 부모님의 곁을 떠나
거리에서 막연히 누군가를 찾는다
아내와 남편의 사랑도 시간이 지나면
대부분 그 색깔이 점점 바래지고
나중에는 의무만 남는다
만남이 소중한 것은
만나기 이전이나 헤어지고 나서의 일이다
이제는 영영 다시 그 사람을 볼 수 없을 때
우리는 뒤돌아보며
"아! 그리운 사람"하고 말한다
우리의 만남이 하나의 타성이라면
헤어짐도 결국 타성이리라
수없이 만나고 헤어지면서

우리는 저마다 딱딱한 껍질을 몸에 걸치고
그 속에 숨어 버린다
우리가 우리의 부모님 곁에서 떠나오듯
우리의 아이들도 언젠가는
우리의 곁을 떠난다
사랑할 수 있는 한 사람이
지금 곁에 있느냐 없느냐에 따라
인생의 성패는 결정이 난다
오직 한 사람을 사랑하기는
오히려 인류를 사랑하기보다 어려운 것
그것은 얼마나 눈부시고 아름다운가

## 서울에서 우는 뻐꾸기

온갖
공해와 소음으로 뒤범벅 된 서울에서
뻐꾸기 울음소리 들린다
일곱 살 때 들어보던
그 울음소리 귓전에 메아리치고
지하도를 빠져 나와
인파 속에 뒤섞이다 보면
나는 어차피
서울특별시민일 수 밖에 없지만
이 잿빛 포도 위에 서서
잠시 눈을 감으면
가슴 깊이 젖어드는 뻐꾸기 울음소리
그 울음소리는
일곱 살 이후의 내 생애 위에
×표를 그으려다
사라져 간다

# 침묵

침묵으로
사람을 움직일 수 없을까
말하지 않고 서로의 마음을
헤아릴 수 있다면
사랑은 얼마나 순수한 것이 되어
우리의 가슴을 출렁이게 할 것인가
사랑은 눈으로 마시는 한 잔의 술
최후의 만찬에서
예수님이 건네주는 포도주처럼
그렇게 마실 것
지금 우리가 쓰는 언어는 너무 사치스러워
진실로 침묵이 그리운 시대
우리가 변질시켜 버린 언어들을
그 본래 의미로 되돌려 놓자
눈이나 가슴으로
느껴져 오는 사랑으로
서로를 그리워 하자

## 회오리 바람

누군가를
기다린다는 것은
하나의 사치다
어느 날 문득 나는 너를 부르지만
우리 사이에는 이미
허물 수 없는 세월의 두께가 가로 놓여 있다
안개가 내리는 이 거리에서
수많은 얼굴들을 바라본다
그러나 그 얼굴들을 분별할 수 있는 능력이
나에게는 없다
목숨을 바쳐 사랑한 기억도 없이
어느덧 사십개의 계단을 오르고 있을 때
어디선가 들려오는
두 개의 서로 다른 함성들이
나의 귀를 찢어대고 있다
그러나 우리 앞에 밀려드는 것은
회오리 바람

그 회오리 바람 같은
흑백의 논리 속에서
나는 소리칠 수도 없고
침묵할 수도 없는데
나의 순수를
너는 꼭
비겁이라고 해야 하는가
도피라고 해야 하는가

# 우리의 봄

내가 나를 겨눈 총탄에 의해
금이 간 우리의 산하
골짜기마다 울려오던 수천 발의 총소리와
총소리에 묻어 온 화약 냄새는 바람이 씻어 갔지만
아는 자는 알리라
그날의 탄피 자국들이 우리 모두의 가슴에서
남몰래 울고 있음을
해마다 아무렇지도 않게
진달래는 다시 피지만
화사한 색깔들이 우리의 모습이라 착각하지는 말자
깃발 때문에 두 개로 갈라져야 했던 우리의 봄
찢겨진 흔적들은
새로 돋아나는 잎새들이 살짝 가려 버리고
능선과 능선을 오고가는
산토끼의 눈에는 사상도 이념도 없지만
이 편과 저 편으로 갈라져 항시 으르렁대는 눈초리
그 눈초리들 때문에
우리의 봄은 겨울보다도 추웠다

그리고 언덕 저 편에서
가물가물 피어 오르는 아지랑이를 보고
성급하게 흥분하여 외치지 말자
우리의 외침들이 저마다 다른 것이라면
봄은 결코 오지 않는다
반세기를 앓아온 배의 통증이 너의 외침으로 인해
금세 나을 수는 없지 않은가
외딴 그늘에서 햇볕을 기다리는
한 그루의 나무가 새순을 달기 전에는
우리는 아직 봄을 봄이라고 말하지 말자
어느 누구에게도 골고루 따스해야 할
우리의 봄이 아닌가
봄은 우리 모두의 마음에서부터
하나의 목소리로 서서히 다가오는 것이다

## 세환이를 위한 기도

어느 날 문득
세환이가 절룩거리며 걷습니다

아무 원인도 없이
한쪽 다리가 가늘어지고
아내는 비로소
하나님을 찾으려는 모양입니다

병원에서도 어쩔 수 없다는
세환이의 다리
그 다리를 고쳐줄 분이 하나님이라면
아내는 기꺼이 목숨이라도 바칠 것입니다

오, 하나님
나는 아직 기도를 드릴 자격이 없지만
오늘은 이렇게 간절히 비옵니다

이제 더 이상 아내에게

세환이의 사랑을 시험하지 마십시오

오늘도 아내는
학교에서 병원으로 오고 가면서
초죽음이 되었습니다

## 고독은 하나의 사치였다

고독은
하나의 사치였다
맨 처음 고독은 내게 다가와
시가 되었다
사람들은 쉽게 고독하다는 말을 했지만
그것은 고독이 아니라
고독이란 의상만을 걸쳤던 것
나는 지구 멸망 이후
폐허의 우주 공간을 홀로 떠도는 방랑자처럼
두려움을 느낀다
이제 고독은 불협화음인가
신경질적으로 다가오는
그 소리를 들으며
나는 집행을 기다리는 사형수처럼
전율한다
고독은
죽음 직전처럼 무서운 것
모든 외부로부터의 단절

···고립의 시간···

그리고 강요되는 침묵들이
나를 죽이려 한다
이 순간

## 바람과 깃발

깃발이 바람을 만나면
춤을 추었고
깃발이 깃발을 만나면
피가 흘렀다

끝내
어느 한 쪽은
찢어져야 안심할 수 있는
우리의 산하

하늘에는
두 개의 깃발이 있었다
별들이 펼쳐 놓은 이야기는
하나뿐인데

사람들은 가슴 속에
활화산을 숨겨 놓고
천둥 소리를 숨겨 놓고

우주 질서에 대항하고 있었다

그렇게 이념과 사상이
피보다 진했던 우리의 반세기
어지러운 소용돌이 속에서

깃발이 바람을 만나면
춤을 추었고
깃발이 깃발을 만나면
피가 흘렀다

## 진화론
― 進化論


나는 시민이 된다
집을 나서면
가장에서 시민으로 승격이 된다

나는 국민이 된다
깃발 앞에 서서
나는 시민에서 국민으로 승격이 된다

아, 그러나
비행기를 타고 국경선을 넘어서자
나는 곧 인류가 된다

특히 뉴욕 34번가에서는
말 한 마디 못하고
손짓으로 음식을 사 먹는 벙어리가 된다
그저 MACY 백화점에서
눈요기를 하고 다니는 원시인이 된다
아니 흑인들의 핏발 선 눈초리에 주눅이 들면서도

42번가 SEX 가게를 기웃거리는
짐승이 된다

아아 그렇다
나는 포효하지도 못하는 짐승이 되어
생텍쥐베리가 조종하는
비행기에 오른다

비행기에 올라
나는 다시 인류가 되어, 아니
나는 다시 국민이 되어, 아니
다시 시민이 되어 날아간다

내가 발견한
가장 넓은 대지로 날아간다

## 당신의 영토

얼마나
넓은 공간을 차지하고 있기에
나는 오늘도 이렇게
당신의 영토에서 헤매어야 합니까

당신은 사막입니다
때로는 오아시스가 되어
갈증을 씻어 주기도 하지만
나는 다시 낙타의 방울 소리를
딸랑이며 떠나야 합니다

그러나 결국
내가 배회해야 할 곳은
당신의 영토
당신의 영토에서 바라보는 하늘에는 별이 있고
별은 밤마다 전설을 만들어 냅니다

내가 견우가 된다면
저 신라의 숲에 잠들어 있는 지귀(志鬼)가 된다면
그 옛날 황진이를 사모하던 총각처럼
상사병에 걸린다면
당신의 영토에 강물을 흐르게 하시렵니까

당신은 모릅니다
당신이 미소를 뿌릴 때면
그 미소의 무게만큼 나는 안타까워하고
당신이 침묵을 하게 되면
그 침묵의 시간들은 가시가 되어 나를 찌른답니다

얼마나
아름다운 공간을 차지하고 있기에
나는 오늘도 이렇게 당신의
영토를 향해 가야 합니까

## 내가 그리워하는 사람은

이제는 그리움이
무엇인지 알겠는데
그리운 사람이 없다

1989년 이후
나는 가슴에 남아 있던 사람들을
날마다 한 명씩 지워 갔다

그리고 컴퓨터 위에 뜨는
비경제적인 언어들과 씨름할 뿐이었다

그렇다
작년 5월 어느 날
나는 신촌 세브란스 병원 126병동에서
영월로 끌려가는 어린 단종처럼
귀양지로 떠났다

아내가 사 오는
수박 한 덩이 만큼도
보고 싶은 사람이 없던 그때

어쩌면
내가 그리워하는 사람은
저 신라의 언덕에서
아사달을 기다리던
아사녀처럼 그렇게

― 풍덩!

시간의 못속으로
그 몸을 던졌는지도 모를 일이다

# 산

산이 높아진다
세월이 갈수록 산이 자꾸 높아지고
내가 작아진다
이제는 산에 오를 희망을 버려야 하나 보다
아직도 그리움은 활화산처럼 타오르는데
세상에는 단념해야 할 것들이
왜 이리도 많은가
숨을 헉헉거리며 달려온 나의 시야에서
산이 멀어진다
그 숲 속에 아름다운 전설을 묻어 둔 채
산이 멀어진다
산이 자꾸자꾸 멀어진다

# 박제
— 剝製

네 가슴에 핀을 꽂는다
이제는 포기할 수밖에 없는 사랑이지만
너는 언젠가 눈부시게 부활하리라

문득 돌아보면
우리들이 미처 발견하지 못했던 미지의 땅 어디엔가
아직 푸릇푸릇 돋아나고 있을 들풀의 향기
바람결에 묻어 온다

기다림이야 천년을 간들 어떠랴
목숨이 도달할 수 없을 뿐
먼 훗날 누군가의 가슴에서 화사하게 피어날 수 있다면
더 이상 날아가지 않도록 너를 박제한다

## 너에게로 가는 길은 오직 하나

갑자기 너에게로 가는 길이 멀어진다
사람들은 날마다 새로운 길을 만들지만
우리는 아직 그 길에서 한 번도 만난 적이 없다
전화를 걸면 맨처음 너와 나를 가로 막는 자동 응답기
수화기에서 불어오는 바람은 그리움도 얼어 붙게 한다
너의 지시대로 녹음을 할까
마음이 급하다고 삐삐를 칠까
그러나 전화가 걸려 올 때까지
무작정 기다리기 싫어 고독을 선택한다
지금은 사랑도 마진폭이 커야 만날 수 있는 걸까
이렇게 메마른 가슴끼리도 행복할 수 있을까
어느 날 나의 가슴에서 별이 떨어지고
별이 떨어진 자리마다
너는 낯선 모습으로 서 있다
갑자기 너에게로 가는 길이 멀어지고
너에게로 가는 길은 오직 하나
추억 속으로만 이어진다

## 콩밥

너는 떠나고 당분간 콩밥을 먹기로 했다
푸른 수의는 걸치지 않았지만
언제 풀려날지 모르는 무기수처럼
차디찬 독방에서 시름시름 야위어 가는 나
어찌 콩밥을 먹지 않을 수 있으랴
너의 마음 안에 갇혀 너를 본다
너는 멀어져 갈수록 점점 더 찬란하게 반짝이고
금방 추억의 하늘에서 떨어지는 별빛 하나
내 가슴에 포물선을 그리며 사라져 간다
사랑을 다스리지 못한 죄
어찌 콩밥을 먹지 않을 수 있으랴
콩밥을 먹으면 영양이 채워지고
콩밥을 먹으면 네가 없어도 뽀얗게 피어 오를 거짓 얼굴
그러나 막상 너를 만나면
콩밥은 먹은 척도 하지 않으며 하늘만 쳐다보리라
내 뜨거운 눈물이 땅에 떨어지지 않도록
하늘만 쳐다보리라

## 이별은 너의 시간표에 있었다


 사랑은 외로움을 해결하기 위한 수단이 아니라 외로움 자체였다. 나는 너를 위해 종이 될 수 있었지만 만날 때마다 가슴에 구멍이 생겼다. 구멍마다 밀려드는 바람, 씻어낼 수 없는 젊은 날의 비애를 추억이라 부르지 말자.

 우리는 르네상스에서 베토벤을 만났다. 드보르작을 만나 보헤미안의 집시처럼 떠돌았다. 거리에서 비틀즈를 만났고, 죤 바에스, 폴 사이먼과 함께 방황하던 어느 날, 나는 갑자기 너의 발등에서 추락했다.

 그러나 이별은 이미 너의 시간표에 있었다. 너의 표정마다 숨겨진 불길한 예감들을 애써 외면했지만 이별은 첫사랑 교과서 마지막 페이지에 들어 있었다. 그해 겨울 군밤장수의 외투깃으로 파고드는 바람보다 더 차가운 시선을 남긴 채 너는 떠났다.

 나는 베트남의 패전을 지켜보듯 너를 바라보며 황량한 구세군의 자선남비 옆에서 방울소리를 딸랑이고 있었다.

## 너는 기차를 타고 떠났다

너는 기차를 타고 떠났다. 1968년 그때 몸을 파는 여인이 경찰관한테 붙들려 가던 원주역에서 삼십분 쯤 연착한 부산행 야간열차로 너는 떠났다.

갑자기 황량해진 플랫폼, 밀려드는 비애, 아버지 시대 증기 기관차는 사라졌지만 추억은 연기처럼 피어 올랐고 우리의 이별은 아직 낭만적이었다.

그날 이후 너의 소식은 바람결에도 들려오지 않았다. 나는 그리워하지도 않았다. 가락국수와 소주 몇 잔으로 지긋지긋한 70년대는 사라진 줄 알았다.

그러나 어느 날이던가. 산마루 저 쪽으로 사라져 버린 기적 소리가 다시 들려오는 순간 숱한 시간들이 가슴 한복판을 뚫고 지나갔다. 비수처럼 날아오는 기억들이 선혈을 뚝뚝 흘리게 했다.

누가 단 1초의 시간이라도 보상해 줄 수 있을까. 그리운 것은 오래 전에 너와 함께 떠났다.

# 내 나이는 아직 스물 하나

너를 사랑하며 보낸
시간들은 일년도 안 되지만
너를 잊기 위해 보내는 시간들은
끝이 어딘지 알 수가 없다
이렇게 그림자처럼 따라 오다가
홀연히 사라질 것인가
내 삶의 마침표 뒤에도
점점점(···)으로 이어져
전설로 무성할 것인가
너의 표정들로 가슴이 무거워지면
나는 그만 심장병을 앓고 있는
환자처럼 길바닥에 주저앉아
한동안 가쁜 숨을 몰아 쉰다
아주 짧은 순간이었지만
젊은 날 그 아편 같은 사랑에 중독되어
발육이 정지된
내 나이는 아직 스물 하나

# 바다

어느 강줄기가 흘러 들어서
마침내 저 바다를 넘치게 할까
바다는 한 방울의 보탬도 없이
구름으로 날려 보내는 것을

아, 그대는 바다였어라
애타게 애타게 끓어 오르는
나 혼자만의 그리움이여

어떤 사랑이 흘러 들어서
끝없는 그대 마음 넘치게 할까
그대는 머나 먼 바다였어라

# 꽃을 바치지는 않겠습니다

나는 당신을 위해
꽃 한 송이 바친 일이 없지만
결코 사랑하지 않아서가 아닙니다
꽃으로 내 마음을 다 전할 수 있다면
그까짓 수천 송이는 못 드리겠습니까
당신을 생각하다 가슴이 터질 때면
눈물로 땜질을 했고
땜질한 자리가 아파올 때마다
편지를 쓰지만
내 마음을 표현하기에는 언제나 어휘가 모자랐습니다
나는 꽃을 바치지는 않겠습니다
사랑한다고 말하지도 않겠습니다
그런 것들은 내 마음을 전해 드리기에
턱없이 부족한 것
아, 차라리 가슴을 태워 재로 만들 수 있다면
당신께 보내 드리고 싶습니다

# 3부

수련화
나비전설
바다로 나가는 것은
사랑의 메시지
깊은 강
느티나무 사랑
이별을 위한 전주곡
겨울 꽃과 나비
느끼는 법
너를 만나면
비의 발라드
게으른 나비들의 봄날
늙은 도자기의 노래
골고다의 죽음
무지개 사냥
왈
모자이크
태초에 두려움이 있었더니라
오리구이
망명자의 노래
시민론
신라의 밤
유리 상자 안의 신화
백두산
두만강
날아간 나비를 생각하며

## 수련화

물 위에 뜬 한 송이 수련화
그대의 꿈은 물빛 그리움으로 잠겨 버리는 것이냐
하늘로 솟아오르는 것이냐
아침이면 다시 안갯빛 미소로 다가오는 그대
입술에는 항시 차가운 바람이 불어
나는 가슴이 얼어 버린다
이별을 두려워하지 않는 도도한 자세
시시각각 변하는 표정들 위에
별들의 속삭임은 머물지도 못하는데
나는 왜 돌아서지 못할까
물에서 건져내면 이내 시들어 버릴 것 같은 수련화
한 모금의 미소가 지금 무슨 의미가 있을까
내 영혼 갈기갈기 찢어 물 밑으로 스며들게 한다면
그대의 뿌리 한 가닥은 적시고 싶다
나의 사랑 수련화야

## 나비전설

아주 먼 옛날 한 소녀가 사라졌습니다.
하늘로 솟은 것이 아니었습니다. 땅으로 꺼진 것도 아니었습니다. 햇빛에 증발하는 이슬처럼 내 곁에서 사라졌을 뿐입니다.
그 소녀는 꽃잎의 향기를 찾아 왔지만 꽃보다는 꿀을 좋아했습니다. 그러던 어느 날 그 소녀는 나비가 되어 훌쩍 떠났습니다. 날아가는 나비의 날개깃에는 꽃의 눈물이 있을 뿐이었습니다. 꿀을 만들 수 없는 꽃잎 위에 나비가 머물 필요는 없었겠지요.
하늘에서 땅으로 함박눈이 내리던 그날, 차는 거북이 걸음으로 걸어가고, 우리는 금방이라도 미끄러질 것 같은 길을 함께 가고 있었습니다. 그 소녀의 마지막 친절은 집 근처까지 나와 동승하는 것이었습니다. 눈은 차창 유리에 떨어지자 이내 녹아버리고 우리 사랑도 그렇게 녹아버리고 있었습니다.
그때 내 눈에 보이는 것은 내리는 눈발 속에서 펄펄펄 흩날리는 추억들이지만 그 소녀는 아무 것도 보지 못했습니다. 목적지까지 힘에 겨운 시간을 허락해 놓은 까닭에 지쳐 있었기 때문입니다.

  나는 그 소녀의 잠든 얼굴을 바라보며 참으로 많은 것을 생각했고 눈물을 뚝뚝 흘리면서도 수증기처럼 자욱한 그리움들을 천천히 씻어내고 있었습니다.

  그런데 이상한 일이었습니다. 그 순간 소녀는 어디론가 사라졌습니다. 그 소녀가 사라진 자리에는 그 소녀가 벗어 놓은 하얀 껍질만 놓여 있었고 나는 열려진 차창 사이로 날아가는 나비 한 마리를 보았을 뿐입니다.

  지금 나는 내 마음 속에 한 소녀가 있음을 봅니다. 그 소녀는 내가 사랑하기만 했을 뿐 아직 만난 적은 없습니다.

# 바다로 나가는 것은

혼자서 바다로 나가는 것은 위험하다
거기 도사리고 있을 추억들이
시퍼런 날을 번뜩이고 있어
자칫하면 가슴이 베일 것만 같다

밤에 바다로 나가는 것은 위험하다
어둠이 내리면 온몸을 태울 듯한 고깃배 불빛
여기 저기 숨어 통곡하는 파도 소리
내 찢겨진 자리마다 젖어드는
억제할 수 없는 울음들이
소금을 뿌린 듯 소금을 뿌린 듯 쓰라리다

혼자서 밤에 바다로 나가는 것은 위험하다
어쩌다 너를 만나 미칠 것 같은
그리움 하나 못박았느니
아직 바다로 나가는 것은 위험하다

# 사랑의 메시지

사랑은 흙 위에 뿌려진 한 톨의 씨앗인 줄 알았으나 아직 땅에서는 소식이 없습니다. 샛노란 개나리가 시멘트 벽들을 가리고 봄은 절정에 이르렀지만 사랑의 싹은 돋아날 생각은 커녕 날마다 들려오는 불길한 소음 때문에 내 가슴은 구겨질 대로 구겨졌습니다. 그리움이 명예퇴직을 하고 사랑은 날마다 상처를 입었지만 얽히고설킨 차량들이 길들을 가로막고 있어 앰블런스는 달릴 수도 없습니다. 사랑은 죽었습니다. 사랑의 모조품들만 즐비한 거리에서 한 소녀가 흘리던 눈물도 그녀의 눈가에서 묻어나던 미소도 하얀 재가 되어 바람 속으로 날아갔습니다. 흙을 덮은 아스팔트는 저 남쪽 끝 지리산까지 이어지고 무선으로 연결되던 우리들의 이야기만 한 순간에 끊겼습니다. 그러나 나는 날마다 사랑의 메시지를 띄웁니다. 내가 띄운 사랑의 메시지는 허공을 맴돌다가 그녀의 핸드백 속에서 애타게 애타게 울고 있지만 그 소리는 아무도 듣지 못할 것입니다.

# 깊은 강

깊은 강이 흐른다
바다가 되기 위해 다스려 온
기나긴 몸부림이
지금은 저녁 노을 속에 저리도 고요하다
상처와 상처가 포개지면
삶은 다시 깨끗해질 수 있는가
어둠을 두려워 하지 않는
침착한 흐름 앞에
나는 부끄러워
두 손으로 얼굴을 가린다
아픔을 아픔이 아닌 듯이
감추고 있는
침묵의 흐름을 살짝 엿본다
마음을 비워야 하는 것은
오래 전에 배웠으나
흐트러지지 않는
저 깊은 강을 보고서야
나의 삶은 비로소 눈을 뜨는데

전생의 업보인 듯
버려지지 않는 욕심 하나
비릿한 피의 냄새로 출렁인다
아아, 닫혀진 가슴에
깊은 강을 흐르게 할 수 있다면
나도 바다가 되는가
바다가 되기 위한 뜨거운 몸부림을
스스로 다스리는
깊은 강이 되고 싶다

## 느티나무 사랑

모든 것 다 버리고 나자
느티나무 고목에는
비로소 하늘이 열린다
작은 바람에는 흔들리지 않는
저 무욕의 가지마다
태초의 푸르름이 열린다
매화마을이 아름다운 것은
매화 때문이 아니다
매화가 아무리 곱다 한들
저 느티나무 가지마다 주렁주렁 매달린
하늘만 하겠는가
내가 서울에서 지리산 매화마을까지
밤새 달려온 까닭이 있다면
느티나무 사랑을 배우기 위함이다
잎새는 떨어져 흙이 되고
떨어져 흙이 된 시간들을
추억 속에 묻으면서도
느티나무는 통곡하지 않았다

울지 않고 보내는 이별이
더욱 슬픈 것
슬픈 것들이 승화하여
하늘같이 푸르른 사랑을 가져올 수 있다면
나는 너를 보내리라
버리는 것은 얻는 것보다 아름답다

## 이별을 위한 전주곡

가라
이별도 사랑의 일부분이라면
나는 천천히 그 느낌들을 마셔 보리라
폭우처럼 쏟아지는 눈물로
내 슬픔 다 씻을 수는 없겠지만
그것은 어차피 추억으로 가기 위한 필수과정
억지로 담담한 척하지는 말자
어느 한 순간 사는 일이 고달프고
가랑잎처럼 바스락거릴 때
나는 오늘을 돌아보며 그 축축함을 만끽하리라
그리고 젊은 연인들을 만나
나도 옛날에는 사랑하는 사람이 있었다고 자랑하리라
보내는 것을 경험한 사람만이
사랑을 이야기할 자격이 있다
지구의 종말 같은 대사건이 지나간 뒤
기적처럼 살아남은 자 있다면
그는 나의 고독이 어떤 것인지 증언하리라

혼자라는 것은 견딜 수 없는 일이다
둘이었다가 혼자가 되는 일은
더욱 견딜 수 없는 일이다
견딜 수는 없지만 견뎌야만 하는 일이다
바람은 인천항이 얼어붙었다는 1970년대 겨울처럼
가슴으로 가슴으로 파고들지만
아직은 그리움으로 펄펄 끓는 심장
이대로 너를 잊는다는 것은
상상조차 할 수 없는 일이다
세상에 가장 슬픈 기억 하나 남긴 채 너를 보낸다
아주 짧은 말 한 마디로 나는 너를 잡을 수 있겠지만
보내는 것이 더 큰 사랑인 줄 알면서
어찌 보내지 않을 수 있으랴
가라, 너를 위한 간섭이 구속이라면 어디든지 가라
네가 걸어가는 어디 쯤에서
나의 모습이 지워진다면
그 순간 지구의 역사도 그렇게 마감하리라

## 겨울 꽃과 나비

봄이 되자 가슴이 무너진다
눈 녹은 자리에 새싹이 돋아나도
신명이 나지 않는다
마른 가지에 물이 올라도
외롭기는 마찬가지다
겨울에는 봄이 온다는 희망만으로
축배를 나눈 적도 있지만
막상 봄이 되자
어디론가 날아갈 것 같은 나비야
너는 제철 만났다고 사뿐사뿐 춤을 추지만
보이지도 않는 날개 바람에
나는 가슴이 가슴이 무너진다
만물이 소생하는 봄이 이렇게 슬픈 것인 줄
지난 겨울에는 어찌 알았던가
너의 가슴에서 꿈이 하나 피어날 때
나의 가슴에는 사랑이 하나 소멸한다
햇살은 얼음장도 녹여 버리고
어느덧 세상은 이렇게 화창하여

어쩐지 죄인처럼 불안해지는 봄날
몰래 숨겨 둔 겨울 사랑은
눈물빛 전설이 된다
이제 봄이 절정에 이르면
얼마나 많은 꽃들이 산과 들을 장식하고
향기를 뿜어댈 것인가
나비는 꿀을 찾아 이리저리 날아가고
나는 가지 말라 가지 말라 하지만
그것은 퇴역장군의 진격명령 같은 것
아지랑이처럼 가물대는 추억을 마시면서
다시 겨울이 올 때까지
봄이 무사하기를 빌 뿐이다

## 느끼는 법

그대의 꿈은 여전히 향기롭다
강산이 세 번이나 바뀌고
손에 잡힌 파랑새마저 절반 쯤
하늘로 날려 보낸 지금
나는 그대 머리칼에서 풀내음을 맡는다
촛불 사이로 흔들거리는
1970년대의 그림자를 본다
눈을 깜빡일 때마다 어른거리는
그날의 미소와 눈물
아직 끝나지 않은 푸치니의 가극에서
나비부인을 생각한다
지나간 것들만 아름답다고 하지 말자
잉크색 교복 위에 떨어지는 꽃가루가
홀 안으로 밀려 오면
우리 둘이는
한 여자의 남편인 것도
한 남자의 아내인 것도
다 잊어 버린다

그것은 미련 때문이 아니다
가버린 시간들에 대한 아쉬움 때문이 아니다
그리움 때문은 더더구나 아니다
슬프지 않은데도 울고 싶은 이 순간
그러나 서로를 바라볼 수 있다는 사실만으로
우리 둘이는 넉넉히 행복하여
느끼기 위해
무디고 무디어진 느낌들을 느끼기 위해
한 마디 말을 아낀다

## 너를 만나면

너를 만나면
세상은 두 개로 갈라진다
하늘도 너의 하늘 나의 하늘이 따로 있고
땅도 너의 땅 나의 땅이 따로 있다
만나면 만날수록 이해할 수 없는
감정의 골짜기에서
절벽으로 떨어지는 너의 표정은
하얀 포말을 일으키고
가끔씩 나를 비참하게 만든다
사랑한다고는 하지만
네 마음의 강가를 거닐다 보면
물이 너무 맑아
손도 씻을 수 없을 때가 많다
강물은 도대체 어디로 흐르는 것일까
바다 반대 방향에서 바다를 연모하다가
그냥 지치는 것일까
강물은 어디론가 흐르겠지만

가령 내가 동쪽에서 서쪽으로 흐른다고 하면
너는 꼭 서쪽에서 동쪽으로 흐른다고 우긴다
우기다가 침몰한다
너를 만나면 갈라지는 두 개의 세상으로
우리 사랑은 침몰한다

## 비의 발라드

비가 오면
그대를 만나고 싶다
끝없이 끝없이 빗물을 바라보고 싶다
빗물 속엔 생아편이 들어 있고
비몽사몽 흔들리는 마음
불현듯 눈을 감고 환각여행을 떠난다
하늘이 땅이 되고 땅이 하늘이 되어
한바탕 해일이 출렁이면
우리들의 몸에선 원시적 향기가 난다
빗물을 바라보면
속삭이지 않아도 가슴이 젖는다
젖은 가슴을 말리기 위해
동굴을 발견하면
우리들이 피운 모닥불 속에서
모락모락 그리움이 익는다

## 게으른 나비들의 봄날

지금 내 곁에
머문 자는 머무는 것이 아니다
꽃봉오리를 못본 자는 산을 넘어가고
향기도 모른 채 나풀거리는
게으른 나비들의 봄날
나는 여기 앉아 여름을 기다린다
옷이 없어도 좋은 계절
뙤약볕이 내리는 해변에 서서
우리는 평등했다
너도 갖지 말고 나도 갖지 말고
그렇게 우리는 평등했다
목메이게 울다 간 진달래 산천
어느 비탈에 엎드린 우리 순이가 아니라
모든 것 훨훨 던져 버리고
맨몸으로 달려갈 수 있음이 행복했던 시절
그러나 나는 이제
아무도 없는 열사의 나라로 떠나리라

## 늙은 도자기의 노래

한 친구는 박물관으로 가고
한 친구는 수집가의 애장품이 되었으나
남도의 흙으로 빚은 것이 아니라
떠돌이가 될 수밖에 없는 늙은 도자기
물이라도 담았으면 좋겠는데
바다를 건너온 유리 그릇한테 밀리고
아무도 듣지 않는 육자배기나 부른다
애초 투가리로 태어났으면
된장찌개 끓이는 법이나 배웠으련만
논리적 사고도 없이 열을 올리다가 주둥이만 헐었다
예절이 무슨 소용 있으랴
의례적인 인사 뒤에는 슬픔이 도사리고 있을 뿐
다시 흙으로 돌아갈 수 있을까
불가마 속에서 꿈꾸던 기억이 달빛에 바래지면
늙은 도자기는 파릇파릇 돋아나는
풀잎들이 부끄러워
눈을 가린 채 세상을 본다

## 무지개 사냥


어느 날 문득
나는 거울 앞에 서서 타인을 본다
거기에는 내 모습이 없다
무지개를 잡으려고 쫓아 가다가
숲을 잃어 버리고
지금은 어느 이방의 거리에 있다
화려할수록 초라해지는 자신을 느끼며
누군가를 불러 본다
혼자라는 것은 얼마나 쓸쓸한 일인가
떠나간 사람들을 생각한다
옆에 앉아서 다른 세계를 사는 사람들을 바라본다
집착하지 말자
사랑도 결국은 흘러 가는 것
우리는 날마다 사랑을 확인하면서도
항시 목말라 한다
세상에 영원한 것은 없다
뱀의 껍질 같은 순간들을 남겨 둔 채
모든 것은 사라진다

## 골고다의 죽음

아주 오래 전에 나는 골고다 언덕으로 올라 갔다. 한 친구가 내 손바닥에 못을 박는 순간 사람들은 야유를 퍼부었다. 나는 축 늘어진 채 허공에 매달렸다. 지축을 흔들 것 같은 천둥소리와 석달간 비가 내렸다. 우연히 만난 사마리아 여인은 내 몸에서 못 하나를 뽑아 주었다. 그리고 열세 번의 겨울이 지나갔다. 나는 어떤 사람의 몸에다 못을 박고 있는 자신을 발견했다. 그러나 야유를 퍼붓거나 돌을 던지는 사람도 없어 혼자 고독한 처형을 감행해야 했다. 그 이후 내 몸에서는 이상한 현상이 벌어졌다. 하나의 못을 뽑으면 두 개의 못이 생기고 두 개의 못을 뽑으면 네 개의 못이 생기는 것이었다.

가자! 가자! 가자!
소리 높여 외치던 자들은 고향으로 돌아가기를 거부하고 세상 곳곳에는 지켜보는 눈들이 많은데 지금 골고다에는 너무 많은 사람들이 죽어간다.

그리운 것은 오래 전에 떠났

나는 우연히 만난 옛사람의 표정에서
죽어가는 시간들을 본다
그러나 나는 잡히지 않을 것을 알면서도
무지개를 향해
활시위를 당긴다

## 왈
―曰

나는 유행가 가사를 썼다
돈이 될 것 같아서
첫사랑의 여자마저 어디론가 보내 버리고
쓰러지기 직전까지 나를 혹사했다
그 사이 여러 명의 신인가수가 탄생했다가
은퇴를 했고
먹고 사는 데야 지장은 없지만
그렇다고 돈을 많이 벌지는 못했다
가사를 써 준 사람들 앞에서
침을 겔겔겔 흘리다 보면
무엇인가 자꾸 더러웠다 더러워서
더럽지 않은 곳을 찾다가 그만 똥을 밟았다
그때 어떤 시인이 왈
내가 쓴 시는 요즘 쓰는 다른 시의 경향과 다르고
시대적 감각이 뒤진다고 한다
나는 독창적인 방법으로 다시 유행가 가사를 썼다
작곡가들이 너무 시적이라고 한다

다시 시를 썼다
시인들이 너무 유행가 가사적이라고 한다 젠장
짖어라
왈

## 모자이크

얼마 전에 가슴 뼈를 톱으로 자르고
심장으로 통하는 두 개의 관상동맥을 교체했다
옛날 같으면 벌써 죽어야 했을 목숨
그저 황송할 따름이다
어릴 때는 생각이나 했던가
팔이 부러지면 다시 붙듯
목숨은 다 그런 것인 줄 알았다
사금파리를 딛어 발이 찢어졌을 때는 망초를 바르고
까닭없이 슬퍼지는 날이면 하늘을 보았다
그러나 나는 커 가면서 계속 망가져 갔다
오른쪽 수족이 마비되고 언어장애가 일어나고
아무 잘못도 없이 시신경이 막히면서
몸도 마음도 만신창이가 되었다
설상가상
어릴 때부터 아파오던 만성신부전이 악화되어
콩팥도 남의 것으로 바꿔 달았다
누구는 나를 인간승리라고도 하지만
이건 운명에 대한 대반란이다

신이 만든 것은 이미 폐기처분되고
인간이 고쳐 만든 모자이크 인생이다
그렇다고 나를 두고
중세기 성당 벽화를 생각하지는 마라
모자이크가 얼마나 눈물겨운 것인지
너희들은 모른다
신촌 세브란스병원 심장병동에서
톱으로 자른 가슴 뼈를 철사줄로 동여 매고
죽기보다 어렵게 사는 법을 배우는 것을
구소련 여군 장교 같은 담당 간호사도 모른다
밤새 건너편 병실에서는
첨단의학의 힘으로 살아나던 환자가
인간의 부주의로 죽어 나갔다
나는 급한 마음에 걸어온 길을 돌아다 본다
그러나 아무 것도 보이지 않는다

## 태초에 두려움이 있었더니라

태초에 두려움이 있었더니라
에덴의 동쪽에서 시작한 두려움은
내 연인의 목구멍에서
토할 수도 없는 멍울이 되어 남았더니라
그러나 너는 저물어가는 불모의 땅에서
울 만큼 울었더니라
이제 기다림은 모두 끝난 것일까
썩어 문드러진 네 젊음과 꿈과 사랑이 다시 한 번
두려움 없는 얼굴로 피어날 수는 없는 것일까
나는 지친 너를 싣고 고개를 셋이나 넘었다
녹음이 울창한 여름을 향해
한 점의 의혹도 없이 달리고 달렸지만
우리는 그렇게 암흑이었다
네가 보지 않으니 나도 보지 않으려는 세상
우리는 그 속에서 아무 것도 보지 않았다
지난 겨울은 바다의 가슴에 앉아
별을 이야기했고
봄은 심장병 환자의 쇼크처럼 그렇게 왔다 갔다

그러나 지금 이 아름다운 경관을
하나님 보시기에 좋았다고 하지 말라
내 연인의 목구멍에서 토할 수 없는 멍울들이
한 송이 꽃이 되기 전에는
우리를 만드신 창조주 하나님도
마음은 편치 않으리라
태초에 사랑할 권리는
우리에게도 있었던 것이 아닐까

## 오리구이

우리는 잠시
오리를 위해 묵념을 한다
흔들리는 잎새 위에 어둠이 쏟아지는 남한산성
하늘에는 별이 돋아나기 시작하지만
아무도 발견하지 못한다
순두부 안주로 미리 한 잔씩들 걸치고
발그레한 눈을 들어
저마다의 평화를 이야기한다
오늘 오리의 희생은 거룩하다
가닥가닥 찢어진 살은 음식으로 승화하기 위해
철판이 달아오르기를 기다린다
우리는 오리를 죽이지 않아 양심의 가책은 없다
숲에서 바람이 불어오면
한낮의 찌는 듯한 더위도 다 잊은 채
우리는 아무런 생각도 없이
기름이 줄줄줄 흐르는 고기 한 점씩
입에 넣을 뿐이다

## 망명자의 노래

공항 뒷편
용유도 바닷가에서 웁니다
가슴에 쌓인 반세기의 삶을
물결 위에 던지며
생전 처음으로 조국을 미워합니다
생전 처음으로 겨레를 미워합니다
한 여교사의 기분을 위해 교장의 생애가 박살나는 나라
고삐 풀린 반전구호 속에 인간애가 신음하는 나라
정치인들의 면책특권이 시민들의 발길에 채이는 나라
참전용사들이 침략자의 눈치를 보는 나라
나는 지금 이상한 나라에서
내가 사랑할 나라를 찾고 있습니다
그 나라로 데려다줄 비행기는
왜 이렇게 오지 않는 겁니까

## 시민론

내가 흔들지 않는 깃발 속에도
나는 있었다
내가 부르지 않는 노래 속에도
나는 있었다
한 시대의 몰락에 대하여
혹은 한 시민의 몰락에 대하여
아무런 가치도 부여하지 않는
그들의 구호 앞에서
나는 침묵으로 대신했지만
내가 가담하지 않은 시위 속에도
나는 있었다

# 신라의 밤

나를 잠 못들게 하는 것은
동해의 파도소리가 아니다
첨성대 위에서 반짝이는
별과 별들의 속삭임도 아니다
꽃이 피는 날을 기다려 준비한 설레임들이
너의 잠 속으로 침몰하는 신라의 밤
나는 석굴암 근처에서
몰래 가지고 온 사랑이
저 혼자 부서지는 것을 본다
한나라 멸망의 순간처럼
스스로 굴복하는 것을 본다
둥둥둥 북을 울려라
나보다 더 나를 사랑하는 이를 향해
둥둥둥 둥둥둥 북을 울려라
내 살가죽을 벗겨 만들어진 북으로
천년 전에 잠든 님을 향해
그렇게 울어라

## 유리 상자 안의 신화

나는 어렸을 때
하늘에 사람들이 걸어가는 것을 보았다
그런 일이 현실적으로
불가능하다는 것을
초등학교 시절에 알았다
그래서 비밀을 간직하기 시작했다
뒷숲 서낭나무에서 잡아오던 귀신도
여름 밤 우물가에 날아다니던
도깨비 불도
보지 않았던 것으로 했다
세상을 알지 말자
세상은 알면 아는 것 만큼
꿈들이 무너진다
그리하여 나의 어린 시절은
설레임과 함께
신화의 기슭으로 흘러갔다
그러나 어찌된 셈인가
첨단과학시대인 요즈음

현실적으로 불가능하다고
믿었던 사건들이
가끔씩 나를 놀라게 한다
유리 상자 안에서
시치미를 떼는 자
누구인가

# 백두산

산 입구에 들어서자
덤벼드는 비옷 장수들이
동포가 아닌 것이 다행이다
너희들은 모른다
남의 가슴이야 찢어지든 말든
그저 온천물에 계란이나 삶아서 팔면
그만이겠지만
나는 산골짜기에서 흐르는
뜨거운 조선의 피
아직도 달리고 있는
저 고구려의 말발굽 소리를 듣는다
분화구 때문에 생긴 연못 하나 보려고
이곳에 온 것은 아니다
성수기에는 표를 구하기 힘들어
천진과 북경의 하늘을 돌아
석고대죄하듯 지친 모습으로
정상에 오른다
이제서야 찾아올 수밖에 없는 죄를

## 두만강

두만강은
바다로 흐르지 못한다
고향 잃은 사람들의 가슴으로
흘러들어 호수가 된다
전라도나 경상도에서
혹은 충청도나 강원도에서
긴 세월 땀 흘리며 걸어온
우리 할아버지의
짚신처럼 닳고 닳아 버린 희망이
가느다란 실여울이 되어 흐를 뿐이다
배암의 몸뚱이처럼 징그러운 팔월
도문 국경경비대 건물 옥상에서
바람이 불어도 답답하고
독한 술을 마셔도 취하지 않는 눈을
잠시 감는다
그래 오늘은 아무 것도 안 보았던 걸로 하자
망원경을 통해
내 땅을 훔쳐볼 수밖에 없는

용서할 수 없어
떨어지는 빗방울이 온몸에 따갑다
천지 곁으로 천지 곁으로 다가설 때마다
몰아치는 폭풍은
한 여름에도 오한을 느끼게 한다
바람이 구름을 몰고 다니는
백두산 정상
푯말 뒤에 숨어
가쁜 숨을 몰아 쉬고 있는데
잠깐 보였다가 사라지는 천지
쏟아지는 사람들의 함성
오늘은 그렇게 조금씩만 감격하다가
그 나머지는 통일 뒤에 느끼라 함인가
백두산아

안타까운 눈망울로는
진정 아무 것도 안 보았던 걸로 하자
다리를 건너 오는 여인의 발 밑에서
두만강은 몸부림치며 울고 있지만
오늘은 정말 아무 것도 안 보고
안 들은 것으로 하자

## 날아간 나비를 생각하며

나는 그것이 사랑인 줄 알았습니다
아름다운 미소, 달콤한 입맞춤 뒤에는
항시 가슴이 아렸습니다
그럴 때마다 그녀는 눈물을 흘렸습니다
눈물은 내 눈에서 바다가 되어 출렁대고 있었습니다
나는 그것이 사랑인 줄 알았습니다
그때 그녀는 속삭였습니다
이 세상 다른 소리는 하나도 듣지 말라고
내 귀에 꽂힌 하나의 주파수 고정된 채널
그렇게 겨울이 흘러 가도록 까맣게 몰랐습니다
창밖에는 태양이 떠올랐으나
가려진 커튼 사이에서 흐느끼는
아편 같은 우리들의 밤
나는 그것이 사랑인 줄 알았습니다
봄이 돌아오자 나비가 된 그녀가
다른 꽃을 찾기 전에는 나는 차마 몰랐습니다
저 먼 숲에서 들려 오는
메아리 소리만 들었을 뿐이었습니다

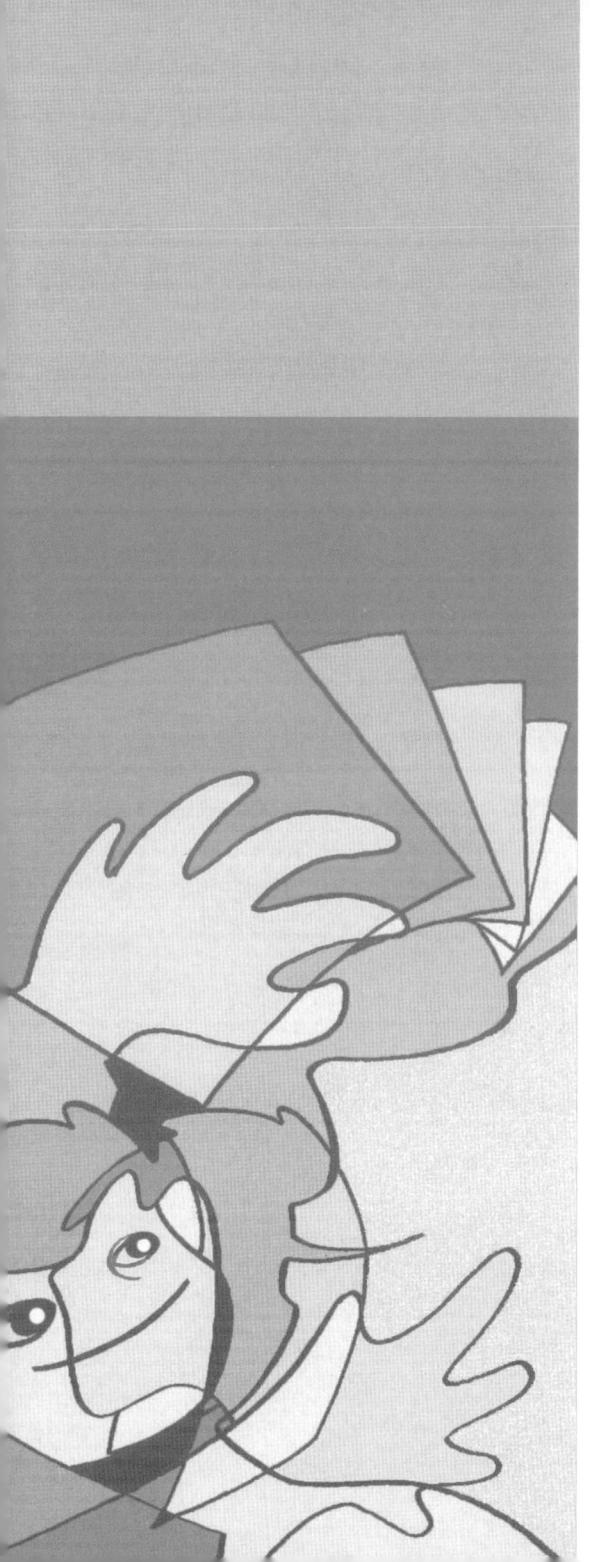

# 4부

다른 세기의 자화상
무지개 인생
어떤 이별
벨소리가 들려오지 않는다
표류
군산기행
딸랑딸랑 나귀의 방울소리 위에
가을에는
어떤 바다의 노래
섬진강
영월로 가면서
쥐똥나무꽃을 보면서
떠났다
아! 강원도
오리고기 앞에서
게의 속살을 파먹으며
목숨의 끝
배신
꽃
다른 세기를 위한 노래
침몰

# 다른 세기의 자화상

나를 아십니까
그렇다면 나를 해부하여 보세요
콩팥은 망가져 다른 사람의 것으로
바꿔 달았다는 것과
심장으로 통하는 혈관을
교체했다는 사실만으로
당신은 나를 폐기처분하고 싶을 것입니다
나는 밤마다 피를 뽑아
언어의 가슴 위에 뿌려대고 있지만
그것을 아는 자는 없습니다
그래서 나는 내가 누구냐고 묻지 않습니다
나를 알아보는 사람이 아무도 없는
이 이방의 지역에서
오늘도 누군가를 향해 외쳐 봅니다
그런 이런 나의 모습은
다른 세기의 모습인지 모릅니다

## 무지개 인생

일곱 명의 여자를
주머니 속에 넣고 다녔으면 좋겠네
주머니 속에 넣고 다니다가
그녀와 데이트를 했으면 좋겠네
우울할 때 만나는 여자
즐거울 때 만나는 여자
술잔을 앞에 놓고 얘기 들어주는 여자
밤이면 죽었다가 아침에 태어나는 여자
잠든 머리 맡에 가만히 앉아 미소를 짓는 여자
커피를 타 주는 여자
언제라도 여행을 따라가는 여자
주머니 속에 가득
일곱 빛깔로 타올랐으면 좋겠네
나는 무지개 인생
날마다 삶을 칵테일하여
맑은 유리잔에
철철 넘쳤으면 좋겠네

# 어떤 이별

그래
사랑하는 사람끼리도
가슴에 비수를 꽂는다는 것을
우리는 안다
주체할 수 없는 그리움이
물결로 다가와
허우적거리게 될 때마다
사랑은 항시 잔인한 얼굴로
너와 나를 노려본다
이제야 너를 보내고
선혈이 맺힌 가슴으로
거리를 방황하면서
수만 년의 기다림을 생각해 본다
우리의 생이 짧아
그 끝을 볼 수 없을지라도
나는 말하리라 이별도 행복하다고

## 벨소리가 들려오지 않는다

핸드폰을 귀에 꽂고 있어도
끝내 벨소리가 들려오지 않는 마현 뜨락에서
바둑판 위에 첫돌을 놓는다
돌 위에 떨어지는 낙엽 한 잎
나는 문득 신라의 어느 여인을 생각한다
돌이 된 여인은 아름답다
천년의 울음을 숨겨 놓고
저리도 태연할 수 있던가
기다리는 마음이야
때로 가슴 터지게 할 때도 많지만
돌이 되어 바라보는 사랑
저 조용한 몸부림을
나는 왜 닮아가지 못할까
강물은 나비부인을 연주하며 흐르고
영국 대령을 기다리는 여인과
나가사끼 항구를 생각한다
수평선 끝에 가물거리는 한 척의 배

그러나 안타까운 환상인 걸 어쩌랴
그때 남의 속사정이야 어떻든
대마를 몰아오다가
여지없이 급소를 찔러 오는 제관장
아찔아찔 머리가 흔들리고
안절부절 못하는 그 순간에도
나는 벨소리만 기다린다

## 표류

나는
여름에도 가을을 느낀다
지난 봄에도 그랬듯이
오후 6시 무렵이면
계절병을 앓고 있는 소년처럼
무작정 차를 타고 달린다
차창에 가득 쌓여 오는 얼굴들
그것은 금방 떨어지는 낙엽이거나
너의 침묵 위에 맺히는
영점 이하의 눈물이다
아무리 뜨거운 열기를 내뿜어도
그렇게 사랑은 식어 버린다
그래도 나는 계속 남쪽을 향해
액셀러레이터를 밟는다
목적지가 있는 것은 아니지만
너와 조금이라도 가까워질 수 있다면
나를 부서뜨리며 달리기만 한다

아는 사람 하나도 없는
이방의 도시를 지나
야자수 모양의 네온사인 숲을 헤칠 때면
언제나 그리운 것은 바다
그렇게 출렁이는 물결 위에서
내 사랑은 언제나 표류한다

## 군산기행

군산에는 비린내가 없다
마른 고기만 걸려 있는 바닷가
그 어느 귀퉁이에서
비늘을 달고 태어났어도
이미 분 바르는 법을 배워 버린
홍어의 눈망울에서는
질식할 듯한 세상의 웃음소리만 들린다
침을 묻혀 넘겨야 할 것은
베스트셀러 소설책이 아니다
그녀는 연거푸 술잔을 들이키며
손가락이 잘라져 흐물거리는 순간에도
억울하고 억울한 기억들을 목구멍으로
넘겼다고 한다
누에가 실을 뽑듯 시를 뽑아내지 않으면
삶을 지탱할 수 없는 그녀는
사람이 듣건 듣지 않건
운율에 담아 읊조려 온 인생이라 하는데
나는 애써 외면하고 있었다

밤은 자꾸 깊어가고
가까이 있어도
도통 말을 하지 않는 바다
우리들이 내던지는 대화 속에는
다량의 카페인이 들어 있어
굳이 커피를 마시지 않아도 괜찮을 것 같다
그들처럼 나도 취하기 위하여
백세주 한 잔에 먹물 묻은 쭈꾸미 한 점
입에 집어넣어 보지만
몸이 먼저 쓰러지고 만다
아무 것도 보지 않으려면
무엇하러 이 먼 군산까지 왔던가
다섯 시간의 피로를 등에 지고
다시 빗속을 헤치며
나는 비린내를 찾아 떠난다

## 딸랑딸랑 나귀의 방울소리 위에

사랑은
아침나절의 그림자처럼
점점 짧아진다고
로즈는 말했습니다
그래서 나는 만날 때마다
목이 말랐고
사랑한다고 말하면
오히려 이별이 찾아올 것 같아
마음 속 이야기는 접어두기로 하고
우리는 애써 그것을 우정이라고 했습니다
해뜨는 모습을 지켜보려고
밤새 기차를 타고 동해바다로 떠난
친구들이 부러웠던 시절
나는 한 순간의 사랑도
영원할 수 있다고 생각했습니다
강원도 봉평 물레방아간에서
단 한 번의 정사를
일평생 되새김질하는 허생원의 사랑이

딸랑딸랑 나귀의 방울소리 위에
왼손잡이 동이의 어깨 위에
흐드러지게 피어 있는 메밀꽃 위에
환한 달빛으로 어리는 것도 보았습니다

## 가을에는

가을에는 칼이 되기로 했다
무엇이든 단숨에 베어 버리는
칼이 되기로 했다
여름 내내 나를 달구어
보기만 해도 간담이 서늘한
칼이 되기로 했다
가을이 와서
내가 본격적인 칼이 된다면
사람들은 저항하게 될까
침묵하게 될까
칼날 위에 올라서지는 못하면서
칼날 위에 올라서라고 외치는 자들아
너의 혓바닥 끝에 서서 가을을 기다리다
무엇이든 단숨에 베어 버리는
시퍼런 칼이 되기로 했다
나를 갈기로 했다

## 어떤 바다의 노래

네가 있는 곳의 바다는 봄에도 눈이 내린다
네가 있는 곳의 바다는 여름에도 눈이 내린다
네가 있는 곳의 바다는 가을에도 눈이 내린다
네가 있는 곳의 바다는 이상하게
겨울 한 철만은 꽃이 피고
검은 구름 사이로 한 줄기 빛이 흘러 나와
내 목구멍으로 넘어간다
바닷물을 한 바가지 퍼 마시면
뜨거운 것이 내 심장을 녹일 기세다
나는 첨벙첨벙 바다로 뛰어든다
그러나 그때마다 바다는 어디로 가고
너의 가슴에서 익사한다

## 섬진강

섬진강은
그냥 흐르는 것이 아니라
바다가 마중 나왔다가
천천히 모셔가고 있었다
그것을 지켜보기 위하여
우리는 뜬눈으로 밤을 새웠다
맨처음 바다와 강이 만나는 것을 보고
모두들 입을 모아
별로 맑지는 않다고 했는데
웬걸 한 척의 작은 배가 지나간 뒤에
저 멀리 지리산 꼭대기를 향해
안개가 걷히더니
강은 자연이 준 모습 그대로
맑은 심성으로 흐르는 것이었다
섬진강이 하동에서는
천천히 흐르기도 하고
빨리 흐르기도 하는 것은
언제부터였을까

꼬투리잡기 좋아하시는 이백천 선생님의
말수가 점점 적어진 것은
바로 그 때부터였다
이필원 형은 소리없이 기타를 집어 들었다
강물은 그의 손끝으로도 흐르는 것이었다
수십년 떠돌던 도시생활에서
만들어 내지 못하던 소리가
섬진강 새벽 강변에서 저절로 울려 나온다는 사실을
이제서야 터득한 것일까
우리는 진종일 섬진강을 빙빙 돌며
이 물을 마시고 자란
숱한 사람들과 만났다가 헤어졌는데
그래도 따라오는 섬진강 때문에
다시 남도를 향해 발길을 돌렸다

## 영월로 가면서

하나님도
제일 예뻐하는 곳은
깊은 두메에 숨겨 놓았던 모양이다
불과 얼마 전만 해도
석탄가루가 흩날린다고
천덕꾸러기로 여겼던 땅
영월이 아니냐
고개를 넘어 꼬불꼬불 돌아가는
45인승 버스 안에서
관광객들은
스쳐가는 가을 풍경에 대해
그저 감탄이나 하고 있지만
나는 어린 시절을 생각하며
눈시울을 적신다
어쩌면 죽을지도 모른다고
생각했던 그때
나는 지푸라기라도 잡는 심정으로
용한 의원이 있다는 영월군 마차리

시골 한의원에 내던져졌다
청룡포에 유배 당한
단종의 마음도 그러했으리라
그러나 슬퍼하지 말자
그 목숨 곳곳에 살아 있는 한
돌 하나 풀 한 포기 나무 한 그루
어느 누가 함부로 건드릴 수 있으랴

## 쥐똥나무 꽃을 보면서

쥐똥이 꽃의 이름을 달자
이렇게 화사한 줄 처음 알았습니다
숨어서 피어난 꽃잎 사이로
세상은 신비롭기만 하네요
이제 나도 숨쉬는 카메라 렌즈가 되어
외딴 담장
어느 후미진 곳에 있더라도
아름답기만 하다면
그것을 마음 속에 차곡차곡 담아두기로 했습니다
쥐똥만도 못하면서 교만할 수밖에 없는 인간
무엇이 잘났기에 이 세상을 비웃기만 합니까
한 송이 쥐똥나무 꽃이라도 될 수 있다면
인생은 향기로울 것입니다

# 떠났다

한 여자가 떠났다
잘해 준 여자는 떠나고
못해 준 여자는 남았다

또 한 여자가 떠났다
말 끝마다 사랑한다고 하고
떠나지 않는다고 하다가 떠났다

또, 또, 또… 한 여자가 떠났다
이번엔 진짜 자연산 여자라
떠나지 않을 줄 알았더니 떠났다

한 여자를 보냈다
끝내 떠날 것을 알기에 먼저 보냈다
술을 마시지 못해 취하지는 못했다
그냥 거리를 쏘다니다가
나도 떠났다

# 아! 강원도

내 고향은
워낙 아름다운 곳이라
지금 당신이 보여준 대자연을
신비롭다 말할 수는 없습니다
봄이면 제일 먼저 연못가에
화사하게 피어나는 살구꽃들이
내 유년시절을 얼마나 환하게 했던지
당신은 짐작조차 못하십니다
나는 그 곳에서
하늘로 사람들이 걸어가는 것을 보았습니다
여름 밤이면 속삭이는 별들이
나뭇가지나 풀잎 위에서 놀다 가기도 했습니다
사는 일에 지친 사람들은 강원도로 오세요
강원도에 오시면 산봉우리마다 내려오신
신의 얼굴을 볼 수도 있어요
강줄기마다 신이 빚은
본래의 사람들을 만날 수 있어요

이곳에 오시면 산이 사람을 키우고
물이 사람을 키우고
사람이 사람을 키운답니다
모든 산맥들이 바다를 향해 달리고
달려와 발을 씻는 곳
출렁이는 동해 물결 따라 우리들의 꿈은
태평양을 건너가기도 합니다
산과 바다와 하늘이 하나가 되어
지상에 세운 또 하나의 에덴
그러한 태고적 본향으로
아! 내 고향 강원도여
영원한 생명을 노래하게 하소서

## 오리고기 앞에서

숯불 위에
지글지글 익어가는
오리고기를 보면서
세 명의 평화주의자가 군침을 흘린다
생명의 존엄성을 얘기하면서도
속으로는 상추에 싸서 먹을까
얇게 썰어 놓은 무에 싸서 먹을까
그냥 소금에 찍어 먹을까
아주 탐욕스런 계획들을 하고 있다
그들의 양심은 고기가 익으면서 끝나고
모든 누명은 술이 뒤집어 쓴다
이 거룩한 사나이들은
눈동자에 핏빛 노을이 물들면
절벽에 몸을 던진 삼천 궁녀를 그리워한다
목숨을 끊으면서 항거했던 울분은
강물에 씻겨 갔나
한 나라가 망한 것을 천년 뒤에
슬퍼하는 자는 아무도 없다

오로지 절벽으로 몸을 던진
삼천 명의 궁녀들만
숯불 위에 지글지글 익어가는
삼천 점의 고기가 되어
군침이 흐르게 할 뿐이다

## 게의 속살을 파먹으며

게의 속살을
파먹어 본 사람은 안다
단단한 것일수록
쉽게 허물어진다는 것을
속살을 보호하기 위한 껍질은
무엇인가에 부딪치면
균열이 생겼다
균열의 틈 사이로 들어와
누군가 나를 파먹는다
단단한 껍질을 믿었으나
단단한 껍질은 믿을 것이 아니었다
부딪치고 깨어지는 연습도 없이
나는 허물어졌다
허물어지고 허물어졌다
게의 속살을
파먹어 본 사람은 안다
단단한 것일수록
쉽게 허물어진다는 것을

그리고 사랑이 아닌
어떤 제국의 힘으로도
우리의 속살은
보호할 수 없음을

## 목숨의 끝

오늘도
간호사는 급히 들어와
주사를 놓고 간다
깜빡 잊었던 것일까
한 방울 한 방울 떨어지는
약기운이 온 몸에 퍼지기도 전에
이미 풀이 된 미음
도저히 한 숟갈도 입에 댈 수가 없다
벌써 며칠 째냐
비몽사몽 흔들리는 몸은
철길 벼랑으로 떨어지기만 하고
건너편 병실에서
또 사람이 죽어 나갔다는 소식에
고향 선산으로부터
흙 한 줌
떨어지는 소리 들린다
나만 모르고 있는 것이 있는가
갑자기 가슴이 서늘해진다

얻어 먹을 힘만 있어도
하나님의 축복이라는 말이
귓전을 때리는 병실
가슴 뼈를 묶어 놓은 철사줄이
언젠가 녹슬까 걱정이 되자
차라리 깨어나지 않았으면 하고
눈을 감는다
그러나 환해지는 시간들
추억들이 새삼스레 아름다워지는
이 목숨에 대한 집착을
어이할까

# 배신

양수리에서 파전과 국수를 먹으며
이 외진 강변에 처음 야외 레스토랑을 차린
주인의 아이디어에 감탄한다
하늘에 가득한 별에도 관심이 없고
나뭇잎 사이로 불어오는 바람에도 관심이 없고
내가 읊는 시에는 더 더욱 관심이 없고
오로지 천정부지로 치솟은
부동산 가치에 대해서만 감탄한다
머리를 식히러 왔다가 머리가 더 뜨거워지는 강변
그들은 어느덧 경제학이나 부동산학에 대한
열띤 토론을 벌이는데
나는 바보처럼 돌아앉아 강물만 바라본다
강물에 꽂혀 있는 불기둥의 숫자만 세어 본다
무허가 초가집에서 음식을 팔기 시작했던 이 곳
날마다 날마다 숱한 연인들의 추억이 다녀가지만
곳곳에 낭만이 묻어 있기는커녕
이제는 우리들의 사촌이 되어 배를 아프게 한다
나는 열심히 공부했고 나는 열심히 일했는데

땅도 사람을 배신하는 양수리
양수리에 가면 배가 아프다
활활 타오르는 모닥불 때문에 배가 아프다
우리들의 이야기 사이로
기차가 지나가기 때문에 배가 아프다
빠앙하고 울려오는 기적소리 때문에
배가 아프다

꽃

세상의 모든 꽃들은
칼날을 숨기고 있다는 것을 아는가
바라보기만 해도 살이 베이고
그럴 때마다 남 몰래 가슴이 아렸다
봄이 온다는 것은 슬픈 일이다
겨우내 얼어붙은 마음의 문을 열고 들판에 서면
여기 저기 피어 있는 꽃들은
차라리 비수라고 불러도 좋다
가냘프다고 믿었던 여린 꽃잎마저
요염한 눈초리는 날카롭기만 하다
움푹 패인 자국으로 남아 있는 나의 시간 속에서
언제나 꽃은 아름다운 공포이기도 하다
그러니까 사랑하지 말자
누군가의 미소가 살 속에 박혀
꽃이 되어 피어나는 날에는
나는 또 열병을 앓아야 한다
꽃이 없는 빙하의 나라로 가자

그곳에 가면 신기루가 떠 있는 지평선 끝에
나의 삶을 걸어두려 한다
헛된 꿈으로 사라져야 할 숱한 환상들은
아무런 상처를 남기지는 않았다
보지 말자 만지지 말자
아쉬워하지도 말자
꽃이 지는 것은 꽃이 피는 것보다
훨씬 더한 고통이었다

## 다른 세기를 위한 노래

날아갈 것은 날아가고
흘러갈 것은 흘러가야 한다
날아갈 것이 날아가지 않고
흘러갈 것이 흘러가지 않아
저수용량을 훨씬 넘긴
내 마음의 못 속에는
상념의 시체들만 둥둥 떠 다닌다
반가울 것도 없는 얼굴들은 가라
어쩌다가 눈이 마주칠 때면
면도날로 가슴을 도려내듯
아픈 눈초리들이
또 내 가슴에 와서 꽂힌다
그것은 어느 누구의 잘못인 것이 분명하다
그렇지 않고서야
어찌 내가 이렇게 긴 시간을 아파야 하는가
살아 남기 위하여 비겁했던 자들은
지난 세기에 다 용서했다

그런데도 죽은 자의 가슴에 못질을 하는
한 무리의 사람들이
목표도 없이 돌팔매질을 한다
변명하지 마라
빌어먹을 것들이 빌어먹지 않는 것은
선량한 자들을 향한 협박이다
혼자 길을 나서면 보이지 않는 것들이
사방에서 조여 온다

# 침몰

침몰할 수 있는 자는 위대하다
가슴에 와닿는 흙의 감촉
그 서늘함을 사랑하는 자는 위대하다
여름은 떠나는 것이 아니라 추억으로 머무는 것이다
거리에 가로등이 켜지고
우리들의 저녁 만찬도 끝날 무렵
로즈의 눈빛은 아름답다
누군들 떠나고 싶은 자 있으랴
그러나 마지막 단추를 잠그고
한 잎 낙엽으로 떨어지는 자는 위대하다
썩을 용기가 없으면 함부로 영혼이라 하지 말라
스스로 소멸을 각오하지 않는 자에게
영혼은 악세사리일 뿐이다
목숨을 가진 모든 자에게
영혼이 깃들었다고 믿지 말라
침몰해야 한다 침몰해야 한다
침몰하여 영원한 타이타닉처럼
삶은 침몰해야 한다

시 해설

# 불굴의 시혼과 파노라마의 시세계

신 지 혜 (시인)

## 1. 치열한 삶의 역정

　박건호 시인은 그간 치열한 시정신과 열정으로 매년 시집을 발간하여 그 시세계를 열어왔으며 다양한 파노라마의 비경을 우리앞에 꾸준히 펼쳐 왔다. 또한 대한민국 대중 가요를 무려 3천여곡 이상을 발표했으니, 그 역량은 가히 초인적이라 할 수 있다. 그러나 그의 크나큰 시대적 역량의 기저는 무엇보다도 그가 천부적으로 타고난 시인이었다는 점이다.
　박건호 시인은 삶과 죽음의 간극을 넘나들며 뼈아픈 고통과 삶을 몸소 체험한 시인이기도 하다. 그리하여 누구보다도 삶과 인생에 대한 관조의 시각은 더더욱 남다르다. 그의 무엇에도 흔들리지 않는 강한 시의 뜨거운 열정과 애정은 잠시라도 멈춤을 허락하지 않는다. 그러기에 그의 시편들은 읽는 이의 가슴에 감동의 회오리를 몰아치지 않는가 싶다. 그러한 생사의 역경과 와중에도 박건호 시인에게 극복의 에너지를 끊임없이 준 것은 다름 아닌, 시인의 내면을 들끓게 하는 마그마적 시혼의 강력한 힘이었던 것이다.

그의 시들은 때로 독자의 목울대를 울컥 치밀게 하는 눈물겨움으로 견인해 간다. 그것은 진솔하면서도 따스한 시인의 삶과, 인간적인 내면세계에 담겨져 있는 슬픔과 고독, 그리고 사물과 세계에 대한 따뜻한 시선이 빚어내는 백미들이다.

그의 시편들은 진지한 삶의 관조, 절절한 사랑의 해후와 별리, 예리한 통찰적 사회비판, 그리고 역사, 전설, 생태에 이르기까지 실로 그 범위와 진폭이 다양하게 드러난다. 그러므로 시인의 시편들은 때로 뇌성벽력의 우레치는 울림으로, 혹은 부드러운 연민, 또는 조용한 선(禪)적 세계로 다양하게 변주됨으로써, 그의 독특하고 폭넓은 시세계를 구축한다.

그러면 그 생생하고 다양한 그의 시적(詩的) 터널 속으로 빨려들어가 보자

얼마 전에 가슴 뼈를 톱으로 자르고
심장으로 통하는 두 개의 관상동맥을 교체했다
옛날 같으면 벌써 죽어야 했을 목숨
그저 황송할 따름이다
어릴 때는 생각이나 했던가
팔이 부러지면 다시 붙듯
목숨은 다 그런 것인 줄 알았다
사금파리를 딛어 발이 찢어졌을 때는 망초를 바르고

까닭없이 슬퍼지는 날이면 하늘을 보았다
그러나 나는 커 가면서 계속 망가져 갔다
오른쪽 수족이 마비되고 언어장애가 일어나고
아무 잘못도 없이 시신경이 막히면서
몸도 마음도 만신창이가 되었다
설상가상
어릴 때부터 아파오던 만성신부전이 악화되어
콩팥도 남의 것으로 바꿔 달았다
누구는 나를 인간승리라고도 하지만
이건 운명에 대한 대반란이다
신이 만든 것은 이미 폐기처분되고
인간이 고쳐 만든 모자이크 인생이다
그렇다고 나를 두고
중세기 성당 벽화를 생각하지는 마라
모자이크가 얼마나 눈물겨운 것인지
너희들은 모른다
신촌 세브란스병원 심장병동에서
톱으로 자른 가슴 뼈를 철사줄로 동여 매고
죽기보다 어렵게 사는 법을 배우는 것을
구소련 여군 장교 같은 담당 간호사도 모른다
밤새 건너편 병실에서는
첨단의학의 힘으로 살아나던 환자가
인간의 부주의로 죽어 나갔다
나는 급한 마음에 걸어온 길을 돌아다 본다
그러나 아무 것도 보이지 않는다

— 〈모자이크〉 전문

만약 삶의 가장 처절한 음화가 있다면, 그것은 이 지상에서 생과 죽음의 능선을 오르내리며 체험하는 순간들 이외에 또 어떤 것이 있겠는가. 삶과 목숨에 관한 시인의 투병기는 눈물을 자아내게 한다.

"톱으로 자른 가슴 뼈를 철사줄로 동여매고/ 죽기보다 어렵게 사는 법을 배우는 것"으로 살아 있음으로써 죽음의 체험보다 더한 고통의 정점을 뼈속 깊이 인식함은 그 무엇과도 비할 수 없는 심적 절대적 고통이었을 것이다. 이러한 극한대의 생사 경험으로 체현된 이 시는 그 투병의 절절한 상황을 고스란히 보여준다.

시인은 삶과 죽음의 무수한 기로에서 감당하기 힘든 고통의 무게와 절대 고독의 슬픈 시간을 경험했던 것이다. 그것을 시인은 신체의 일부를 타인의 것으로 대체하고 위험한 수술을 할 수밖에 없었던 목숨을 모자이크 되었다고 표현한다. 어찌 비통한 심정이 아니었을 것이며 생과 사가 엇갈리는 바로 그 지대에서 온갖 생각을 뒤척이지 않았으랴. 죽음 앞에 정면으로 맞닥뜨려 본 사람만이 과연 그 심적 고독을 감지할 것이다.

모든 욕망과 심리적인 욕구들마저 존재하지 않는 삶의 눈으로 아름답거나 정겨웠던 궤적들과 무관하게 혼자만이 병상에 누워 있다는 것은 절대적 고립 속에서 고독의 차가운 대리석 밑바닥에 홀로이 누워본 자만이 아마도 그 고통을 짐작하리라. 이 시는 실로 참담하고 눈물겨운 상황을 애잔하게 열어 보여주고 있다.

　이제는 그리움이

무엇인지 알겠는데
그리운 사람이 없다

1989년 이후
나는 가슴에 남아 있던 사람들을
날마다 한 명씩 지워 갔다

그리고 컴퓨터 위에 뜨는
비경제적인 언어들과 씨름할 뿐이었다

그렇다
작년 5월 어느 날
나는 신촌 세브란스 병원 126병동에서
영월로 끌려가는 어린 단종처럼
귀양지로 떠났다

아내가 사 오는
수박 한 덩이 만큼도
보고 싶은 사람이 없던 그때

어쩌면
내가 그리워하는 사람은
저 신라의 언덕에서
아사달을 기다리던
아사녀처럼 그렇게

－풍덩!

　　시간의 못속으로
　　그 몸을 던졌는지도 모를 일이다
　　　　　　　　　　— 〈내가 그리워하는 사람은〉 전문

　이 시는 "이제는 그리움이/ 무엇인지 알겠는데/ 그리운 사람이 없다"고 한다. 즉 그리움과 기다림이 소거된 시점에서 새로 다가올 것과 그리운 것들에 대한 일체의 생각마저도 시인은 체념한다. 아사달을 기다리던 아사녀가 시간의 못속에 모든 것을 던져 버린 것처럼 시인과 맺어진 인연들도 그리움을 접었을 것이라 시인의 상상은 유추한다. 병실에서 바라보는 세상은 숨쉬는 자들의 생동감으로 가득할 것이다. 그들과 무관한 시간을 홀로이 점유한 시인의 마음은 귀양지로 유배된 암담한 심정이었을 터이다.
　그리하여, "나를 아십니까/그렇다면 나를 해부하여 보세요/ 콩팥은 망가져 다른 사람의 것으로/ 바꿔 달았다는 것과/심장으로 통하는 혈관을/ 교체했다는 사실만으로/ 당신은 나를 폐기처분하고 싶을 것입니다"(〈다른 세기의 자화상〉에서)라고 시인 자신을 다른 세기의 자화상으로 드러낸다. "고독은/ 하나의 사치였다/ 맨 처음 고독은 내게 다가와/ 시가 되었다/ 사람들은 쉽게 고독하다는 말을 했지만/ 그것은 고독이 아니라/ 고독이란 의상만을 걸쳤던 것"(〈고독은 하나의 사치였다〉에서)이라고 진정한 고독의 의미를 그는 피력한다. 이 시들에서 보여지듯, 시인의 투병생활은 절절한 시어들 속에서 인간의 궁극적인 존재성의 여부와 고독과 인간관계에 대하여 술회한다.

빗소리를 듣는다
밤중에 깨어나 빗소리를 들으면
환히 열리는 문이 있다
산만하게 살아온 내 인생을
가지런히 빗어주는 빗소리
현실도 꿈도 아닌 진공의 상태가 되어
빗소리를 듣는다
빗소리를 듣는다는 것은
얼마나 반가운 일이냐
눈을 감으면 넓어지는
세계의 끝을 내가 간다
귓속에서 노래가 되기도 하는 빗소리
이 순간의 느낌을 뭐라고 표현할까
빗소리를 듣는다
빗소리를 듣는다는 것은
얼마나 반가운 일이냐

— 〈빗소리〉 전문

이 시는 삶의 질곡을 무한히 돌아 나와 마음의 무게를 내려놓고 무한 대자연과 상응하는 조용한 풍경인 것이다. 아무것도 소유하지 않은 자성적 성찰이 올올이 도드라진다. 즉 시인의 인생에 대한 조용한 관조의 시선과 비움의 철학이 저 무한의 자연공간을 서늘하게 관통한다.
"밤중에 깨어나 빗소리를 들으면/ 환히 열리는 문이 있다" 라고 시인은 고감도의 센서로 빗속을 투시한다. 그리고 "산만하게 살아온 내 인생을 / 가지런히 빗어주는 빗소리"로 평탄하지만은 않은 인생을 반추하며 깊은 성찰적 시선을 꽂는다. 즉 자연과 일치된 풍경으로 시적 화자와 자연의 리듬이 한 몸이 되어 혼연일체가 된다.

그 환한 문은 온갖 갈등과 번민의 소요가 소거된 고요한 정적(靜的) 세계로 나타난다. 주렴처럼 내리는 빗줄기를 거두면 그곳에 한 경지 혹은 존재론적 심연이 있음을 그의 예민한 시적 감성은 자각한다. 그간 온갖 헝클어졌던 삶이 빗소리로써 가지런히 빗겨진다고 한다.

혹자들은 입산하여 세상을 등지고 도를 구하지만, 시인이 유하는 곳이 어찌 산사의 조용한 공간뿐이겠는가. 시인이 홀연히 일어나 듣는 빗소리의 리듬과 흐름에 온몸을 그대로 맡기고 "눈을 감으면 넓어지는/ 세계의 끝을 내가 간다"라고 빗소리와 함께 선적 경지로 잠행한다.

그것은 시간의 단위가 존재치 않는 무한대의 공간이자 깨달음의 한 공간이다. 그 고요한 리듬 속의 무아의 경지 속에서 초월의 한 세계를 바라보는 것이다. "모든 것 다 버리고 나자/ 느티나무 고목에는/ 비로소 하늘이 열린다"(〈느티나무 사랑〉에서)에서 보듯, 이 시 또한 시인의 눈길은 더없이 잔잔한 고요의 한 정점을 지나며 무한한 저편의 세계를 활짝 열어 보인다. 즉 비움으로써 가득 찬 느티나무 내면세계의, 원융의 세계를 통찰한다.

## 2. 파동치는 에너지

네 가슴에 핀을 꽂는다
이제는 포기할 수밖에 없는 사랑이지만
너는 언젠가 눈부시게 부활하리라

문득 돌아보면
우리들이 미처 발견하지 못했던 미지의 땅 어디엔가
아직 푸릇푸릇 돋아나고 있을 들풀의 향기
바람결에 묻어 온다

기다림이야 천년을 간들 어떠랴
목숨이 도달할 수 없을 뿐
먼 훗날 누군가의 가슴에서 화사하게 피어날 수 있다면
더 이상 날아가지 않도록 너를 박제한다

— 〈박제〉 전문

한 곳에 고착되고 박제된 사랑이 시간을 넘는 인내에 의하여 다시 부활하고 재생될 것이라 신뢰함으로써 시인이 포기할 수밖에 없는 박제된 사랑을 스스로 위무한다. 박제된다고 하여, 모든 것이 영원히 사라진다는 것은 아니라는 것이다. 변치 않을 연민이 잠재되어 있는 그 믿음은 시간의 무한한 기다림을 통해 간단없이 뛰어넘어 아름다운 사랑의 모습으로 다시 어디선가 현현하기를 바라는 마음 가득하다.
"기다림이야 천년을 간들 어떠랴"라는 사랑에 대한 영속적

신뢰와 믿음은 시간의 흐름을 무화시키고 단말마적 사랑에 대한 따스한 연민과 체념으로 빚어진 또 다른 세계를 지속시킨다. 그것은 그러나 무연히 사라지는 세계가 아닌, 목숨을 넘어 다시 재생될 수 있는 세계이기에 기다림의 의지로써 다시 돌아오는 사랑이라는 것이다. 그러니 기다림의 시간이란 시적 화자에겐 아무것도 아닌 것이다. 그저 만나고 헤어지는 세속적인 사랑의 통속성을 떠나서 영속적인 만남과 윤회를 희구한다.

"그리고 어느 날 내가 발견한 낡은 편지 속에서／낯선 사람을 만나듯 그대를 보게 된다／아득한 위치에서 바라다 보이는 그대는／옛날보다 더욱 선명하다／그 선명한 모습에서 그대는 자꾸 달라져 간다／달라지는 것은 영원한 것／영원한 것은 달라지는 것／뜨겁고 차가운 시간과 시간 사이로／나는 이해할 수 없는 하나의 공식 속에서／오늘을 살아간다"(〈오늘〉에서).

시적 화자는 누군가 떠나가는 이별을 영원한 단절로 생각지 않고 쉽게 변하고 달라지는 것이 아니라 영원한 것은 달라지는 것이라는 인식으로 자위하면서도 그 믿음의 고리를 결코 놓치 않으며 영원무궁의 아름다움으로 이어지기를 기원하는 시인의 내면세계를 나타내 보여주고 있다.

물 위에 뜬 한 송이 수련화
그대의 꿈은 물빛 그리움으로 잠겨 버리는 것이냐
하늘로 솟아오르는 것이냐
아침이면 다시 안갯빛 미소로 다가오는 그대
입술에는 항시 차가운 바람이 불어
나는 가슴이 얼어 버린다

이별을 두려워하지 않는 도도한 자세
시시각각 변하는 표정들 위에
별들의 속삭임은 머물지도 못하는데
나는 왜 돌아서지 못할까
물에서 건져내면 이내 시들어 버릴 것 같은 수련화
한 모금의 미소가 지금 무슨 의미가 있을까
내 영혼 갈기갈기 찢어 물 밑으로 스며 들게 한다면
그대의 뿌리 한 가닥은 적시고 싶다
나의 사랑 수련화야

— 〈수련화〉 전문

이 시 속의 수련화는, 시인의 독특한 눈에 의해 환상적인 모습으로 불려나온다. 여기서 수련화의 이미지는 얼음처럼 차갑고 신비로운 존재로 부각되고 있다. 무엇에도 흔들리지 않는 도도한 형상으로 빛을 발하며 물 위에 피어 있다. 그런가 하면, 냉철한 이성적인 모습을 지닌 채 또 안개빛 미소로도 다가서기도 한다.
그 범접하지 못할 도도하고 환타지적인 자태에 매료된 시인은 "내 영혼 갈기갈기 찢어 물 밑으로 스며들게 한다면/ 그대의 뿌리 한 가닥은 적시고 싶다"고 강렬한 사랑의 열망을 나타내고 있다. 이 시는 심미적 감각을 뛰어넘는 환상적인 시로 매혹적으로 다가온다.
"아주 먼 옛날 / 한 소녀가 사라졌습니다/ …(중략)…/ 그 소녀가 사라진 자리에는/ 그 소녀가 벗어 놓은 하얀 껍질만 놓여 있었고/ 나는 열려진 차창 사이로 날아가는/ 나비 한 마리를 보앉을 뿐입니다/ 지금 나는 내 마음 속에 한 소녀가 있음을 봅니다/ 그 소녀는 내가 사랑하기만 했을 뿐/ 아직 만난 적은 없습니다"(〈나비 전설〉에서), 즉 시공의 경계를 초월한 독특한 시적 상상력의 세계 속에서 시적 환상을 자유자재로 내통하며 유영하고 있다.

나는 당신을 위해
꽃 한 송이 바친 일이 없지만
결코 사랑하지 않아서가 아닙니다
꽃으로 내 마음을 다 전할 수 있다면
그까짓 수천 송이는 못 드리겠습니까
당신을 생각하다 가슴이 터질 때면
눈물로 땜질을 했고
땜질한 자리가 아파올 때마다
편지를 쓰지만
내 마음을 표현하기에는 언제나 어휘가 모자랐습니다
나는 꽃을 바치지는 않겠습니다
사랑한다고 말하지도 않겠습니다
그런 것들은 내 마음을 전해 드리기에
턱없이 부족한 것
아, 차라리 가슴을 태워 재로 만들 수 있다면
당신께 보내 드리고 싶습니다
— 〈꽃을 바치지는 않겠습니다〉 전문

인류의 역사가 제아무리 일변한다 해도 사랑의 논제만큼 인간사에서 영원한 것은 없을 것이다. 이 시는 나는 당신을 위해

꽃 한 송이 바친 일이 없지만 결코 사랑하지 않아서가 아니라고 시인은 표현한다. 진실한 사랑의 화력은 그깟 수천 송이의 꽃을 능가하고도 남는 것이다. 또한 아무리 지상의 모든 언어를 동원할지라도 그 사랑의 진심의 표현에는 모자랄 만큼, 적확하지 않다는 것이다. 시인의 투명하고 섬세한 감성은 우리를 감동의 도가니로 흠뻑 몰아넣는다.

눈에 보이는 것에, 감히 비견할 수 없는 사랑의 마음을 "차라리 가슴을 태워 재로 만들어 보낼 수 있는 사랑"이라고 한다. 여기선 가히 숨이 딱 정지될 수밖에 없는가. 아무리 아름다운 꽃으로도, 아무리 언어의 진수라 한들 타 버린 가슴만큼 더 확실한 사랑의 결정체는 없을 것이다. 이 아름다운 시는, 누구도 앓여낼 수 없는 시의 연금술사적 술회로 형형한 빛을 내뿜는다. 이러한 사랑은 언어의 결빙을 녹이며 해체시킨다. 강렬하고도 아름다운 사랑의 에너지로 우리 감성을 통째로 연행하고 있다.

사랑은
아침나절의 그림자처럼
점점 짧아진다고
로즈는 말했습니다
그래서 나는 만날 때마다
목이 말랐고
사랑한다고 말하면
오히려 이별이 찾아올 것 같아
마음 속 이야기는 접어두기로 하고
우리는 애써 그것을 우정이라고 했습니다

해뜨는 모습을 지켜보려고
밤새 기차를 타고 동해바다로 떠난
친구들이 부러웠던 시절
나는 한 순간의 사랑도
영원할 수 있다고 생각했습니다
강원도 봉평 물레방아간에서
단 한 번의 정사를
일평생 되새김질하는 허생원의 사랑이
딸랑딸랑 나귀의 방울 소리 위에
왼손잡이 동이의 어깨 위에
흐드러지게 피어 있는 메밀꽃 위에
환한 달빛으로 어리는 것도 보았습니다

— 〈딸랑딸랑 나귀의 방울소리 위에〉 전문

오늘날의 시대적 사랑은 "사랑은/ 아침나절의 그림자처럼/ 점점 짧아진다고/ 로즈는 말했습니다"의 구절에서 암시하듯 작은 흔들림에도 쉽게 변절된다. 그리고 아무렇지도 않게 서로가 등을 보이고 돌아서 떠나가기도 하는 것이다. 시적 화자는 불안할 수밖에 없다.

"그래서 나는 만날 때마다/ 목이 말랐고/ 사랑한다고 말하면/ 오히려 이별이 찾아올 것 같아/ 마음 속 이야기는 접어두기로 하고/ 우리는 애써 그것을 우정이라고 했습니다"라고 고백한다. 우정과 사랑의 불안한 이중성으로 사랑의 관계를 유지하고 있는 것이다. 그러나 사랑은 차갑게 식어 버리고 이별이 도래할 것 같은 심적 상태 속에서, 시인은 허생원의 사랑처럼 한 순간의 사랑일지라도, 그 사랑의 순박하고 때묻지 않은 진솔한 사랑의 가치를 높이 부여하고 또한 신뢰한다.

　오늘날의 사랑이, 갖은 이해타산과 더불어 이기적인 이익을 쫓아가는 통속적 사랑으로 퇴색하고 난무함에 비하여, 우직하면서도 마음이 더없이 순수한 허생원의 사랑처럼, 눈부시게 흰 메밀꽃이 가득 핀 달빛 아래에서, 때묻지 않은 진실한 사랑이야말로 우리에게 변함없이 아름다운 사랑의 진정한 모습이라고 시인은 감화를 주고 있다.

### 3. 예리한 직관의 시세계

　　달빛이 차가운 태평양 상공
　　엔진소리만 요란한 미국행 비행기에서
　　양부모를 찾아가는 단군의 아기가
　　갑자기 울음을 터뜨린다
　　그것은 마지막 모국어
　　알 수 없는 분노와 슬픔으로
　　나의 가슴은 찢어지는데
　　무표정한 이방의 승객들은 눈살을 찌푸린다
　　안절부절 못하는 파란 눈의 아가씨야
　　아기를 달래려고 애쓰지 말고
　　그냥 울게 내버려두라
　　네가 물려주는 미국산 우유로는
　　한 방울의 눈물도 씻어낼 수 없느니
　　지금도 방황하고 있을 어느 미혼모와

비정한 사나이를 향하여
차라리 저주의 기도를 올려라
그리고 함께 울어라
한반도의 아픔이 흩어지는 태평양 상공
날짜 변경선을 지날 무렵
우리의 사랑스런 단군의 아기가
울다 지친 얼굴로 잠이 든다
그것은 체념의 시작
파란 눈의 아가씨는
비로소 안도의 숨결을 몰아쉬며
시계바늘을 돌리고
승객들은 다시 눈을 감는데
나의 가슴은 갈갈이 찢겨진 채
밤바다를 향해 곤두박질한다
아무런 죄도 없이 이름을 잃어버린 아이야
나는 너에게 무슨 말을 해야 하느냐
조국이 멀리 사라져 가는 태평양 상공에서
너를 버린 엄마를 생각하며
배냇짓하는 아기야.

— 〈단군의 아기〉 전문

태평양 상공의 비행기 안에서, 단군의 혈통인 우리의 아기가 푸른 눈의 서양 여자에게 안겨 입양되어 가는 모습을 시인은 목도한다. 아기가 갑자기 울음을 터뜨리는데, 안타까운 상황이 벌어진다. 시인은 우리 모두에게 뼈아픈 화두 하나를 던진다. 한 아기가 자신을 버린 부모 때문에 태평양을 건너 입양되어 가는 현실이 어찌 한 아기의 일일 뿐이겠느냐 하고 각성하게 한다. 오늘날의 입양현실을 다시 한 번 되짚어보게 한다. 자신이 태어난 나라에서 어느 비정한 부모에 의해 버림받은 아기의 울음소리는 그것으로 마지막 모국어인 것이다. 서양 여자의 품에서 그칠 줄 모르는 아기를 보고 안타까운 시인의 가슴 또한 갈갈이 찢겨지고야 만다.

"안절부절 못하는 파란 눈의 아가씨야/ 아기를 달래려고 애쓰지 말고/ 그냥 울게 내버려두라/ 네가 물려주는 미국산 우유로는/ 한 방울의 눈물도 씻어낼 수 없느니" "날짜 변경선을 지날 무렵/ 우리의 사랑스런 단군의 아기가/ 울다 지친 얼굴로 잠이 든다" 그러나 그것은 체념의 시작일 뿐이라고 화자는 애처로운 심정을 이야기한다.

이 시에서 단군의 아기와 심적 고통을 동반하는 시인 역시, "나의 가슴은 갈갈이 찢겨진 채/ 밤바다를 향해 곤두박질한다"고 그 안타까움의 절정을 토로한다. 이 시의 아릿한 슬픔의 손톱들은 우리 모두의 가슴을 깊숙이 파고들게 한다. 단군의 한 핏줄이며 한 자손일 수밖에 없는 우리 아기가 이방으로 입양되어 가는 가슴 아픈 현실을, 그리고 한 뿌리로서의 공동운명체적인 책임과 뼈아픈 자각을 불러 일으켜 주며 시인은 준열하게 묻고 있다.

숯불 위에
지글지글 익어가는
오리고기를 보면서
세 명의 평화주의자가 군침을 흘린다

생명의 존엄성을 얘기하면서도
속으로는 상추를 싸서 먹을까
얇게 썰어 놓은 무에 싸서 먹을까
그냥 소금에 찍어 먹을까
아주 탐욕스런 계획들을 하고 있다
그들의 양심은 고기가 익으면서 끝나고
모든 누명은 술이 뒤집어 쓴다
이 거룩한 사나이들은
눈동자에 핏빛 노을이 물들면
절벽에 몸을 던진 삼천 궁녀를 그리워한다
목숨을 끊으면서 항거했던 울분은
강물에 씻겨 갔나
한 나라가 망한 것을 천년 뒤에
슬퍼하는 자는 아무도 없다
오로지 절벽으로 몸을 던진
삼천 명의 궁녀들만
숯불 위에 지글지글 익어가는
삼천 점의 고기가 되어
군침이 흐르게 할 뿐이다

― 〈오리고기 앞에서〉 전문

이 시의 날카로움에 양심을 찔리지 않을 자는 아무도 없을 듯하다. 흔히 자신의 이권과 당리당략에만 몰입해 있는 정치, 사회, 문화, 모든 대상의 인물들의 겉과 내면의 실상이 다른 심사에, 시인은 서늘한 일침을 놓는다. 입으로만 생명존엄성을 외치며 겉으로는 평화주의자인 척하는 자각없는 행위에 대하여 매섭게 지적한다. 말로만 평화주의를 외치는 사람들이 자신의 오직, 사리사욕에만 집착하고 있는 오늘날이 바로 그 현주소임을 이야기한다. 시인은 오리고기를 먹는 사람들을 비유하여 명쾌하게 꼬집고 있다.

그들이 한 나라가 망한 역사나 분단된 나라의 슬픔 "하늘에는/ 두 개의 깃발이 있었다/ 별들이 펼쳐 놓은 이야기는/ 하나뿐인데// …(중략)…// 그렇게 이념과 사상이/ 피보다 진했던 우리의 반세기"(〈바람과 깃발〉에서)를 염두에 둘 리가 없다. 불확실성과 불신의 시대를 조장하고 휘몰아가는 자들이 바로 이들이 아니겠느냐고 시인은 역설한다. 자신의 이익과 욕망으로만 가득한 채, 말로만 평화와 생명을 논하면서 오리고기를 어떻게 먹을 것인가 궁리를 하고 있는 것이다. 나라를 위해 목숨을 바친 삼천 궁녀의 희생은커녕 오직 탐욕스러운 생각으로 삼천 궁녀만 그리워한다는 것이다.

시인은 이 시간대의 부패된 인간들의 의식구조를 지적하며, 예리하게 풍자함으로써 오늘날의 부조리를 서늘하게 짚어주고 있다.

위의 시들에서 읽혀지듯이, 박건호 시인의 시는 실로 다양한 시세계로 드러난다. 아마 시인이 우여곡절의 여백기간 없이, 본격적으로 시에 몰두했었더라면 오늘날 현대시단의 판도가 달라졌지 않았을까 싶다. 그가 대중문화의 감성을 이끌었던 남다른 업적 또한 어찌 시의 힘 있는 뿌리에서 출발하지 않았으랴.

삶과 죽음을 무수히 오르내리면서도 흔들림 없이 묵묵히 치열한 시의 행적을 일구어내는 시인의 시적 행보는 말하자면 불굴의 전사 같은 투지와 힘을 내장하고 있다.

그의 시는 힘이 세다. 누가 뭐래도 자유롭고 의지적인 시인의 행보가 마그마처럼 뜨겁다. 또한 시인의 렌즈는 때로 예리하고 날카롭다. 그의 렌즈에 비추어지기만 하면, 독특하면서도 다채로운 형상으로 아름다운 시가 모습을 드러낸다. 즉 가시적이거나 비가시적인 영역의 존재들이 각기 다양한 모습으로 현현되고야 만다.

폭넓은 시의 범주를 종횡무진하며 다작을 멈추지 않는 그의 치열한 시적 파워는 이번 시집으로 하여, 한 시인의 숱한 인생의 궤적을 고스란히 드러내고 있다. 삶과 세계에 관한 다각적 수용으로 자유로이 변주되는, 그의 시적 에너지를 생각하지 않을 수 없다. 그의 멈추지 않는 불굴의 시혼이야말로 원숙한 시의 경지로 시힘을 몰아치며 강력 파워의 빛을 환히 발하게 될 것이다.

# 박 건 호
(土偶)

- 강원도 원주 출생
- 한국문인협회 회원
- 한국음악저작권협회 회원
- http://www.parkkunho.net
- http://poemlsland.com
- Email:0117251146@hanmail.net

〈수상 경력〉
1975년 MBC 올해의 최고인기상
1982년 MBC 올해의 최고인기상
1982년 KBS 가요대상 작사 부문 수상
1982년 가톨릭 가요대상
1983년 KBS 제1회 가사대상
1984년 KBS 제2회 가사대상
1985년 PCI 집계 최다 방송상
1985년 ABU 가요제 그랑프리
1985년 LA 국제가요제 그랑프리
1985년 올림픽조직위원회, MBC 공동주최 〈아침의 나라에서〉 선정
1985년 국무총리표창
1985년 제1회 한국방송협회 주최 아름다운 노래 대상
1986년 제2회 한국방송협회 주최 아름다운 노래 대상
1990년 최다 저작료 수입 표창( 한국음악저작권협회)
1993년 대전 엑스포 노래 〈우리는〉 선정
1994년 5월 25일 신장이식수술 이후 본격적인 문단활동 시작
1999년 동계 아시아 경기대회 공식가요 〈영원한 우정〉 선정

〈저서〉
| | | |
|---|---|---|
| 시집 | 《영원의 디딤돌》 | (1969. 성문각) |
| 가사집 | 《그 눈물은 지금도 마르지 않았다》 | (1985. 현대악보사) |
| 시집 | 《타다가 남은 것들》 | (1989. 다다미디어) |
| 가사집 | 《모닥불》 | (1989. 다다미디어) |
| 가사집 | 《철새의 편지》 | (1989. 다다미디어) |
| 시집 | 《물의 언어로 쓴 불의 시》 | (1994. 다다미디어) |
| 에세이 | 《오선지 밖으로 튀어나온 이야기》 | (1994. 술래) |
| 가사집 시집 | 《고독은 하나의 사이였다》 | (1996. 박우사) |
| 투병기 | 《너와 함께 기뻐하리라》 | (1996. 하늘) |
| 시집 | 《추억의 아랫목이 그립다》 | (1996. 사임당) |
| 시집 | 《기다림이야 천년을 간들 어떠랴》 | (1997. 춘광) |
| 에세이 | 《시간의 칼날에 베인 자국》 | (1997. 춘광) |
| 시집 | 《나비전설》 | (1998. 토우) |
| 시집 | 《모닥불 이후》 | (2001. 토우) |
| 시집 | 《유리 상자 안의 신화》 | (2003. 시지시) |
| 시집 | 《딸랑딸랑 나귀의 방울소리 위에》 | (2006. 모닥불) |
| 시집 | 《그리운 것은 오래 전에 떠났다》 | (2007. 한누리미디어) |
| 에세이 | 《나는 허수아비》 | (2007. 한누리미디어) |

〈가요 발표작품〉
**모닥불** (박건호 작사, 박인희 작사 · 노래)
**잊혀진 계절** (박건호 작사, 이범희 작곡, 이용 노래)
**아! 대한민국** (박건호 작사, 김재일 작곡, 정수라 노래)
**단발머리** (박건호 작사, 조용필 작곡 · 노래)
**슬픈 인연** (박건호 작사, 宇崎龍童 작곡, 나미 · 공일오비 노래)
**풀잎이슬** (박건호 작사, 김희갑 작곡, 정수라 노래)
**그대는 나의 인생** (박건호 작사, 김희갑 작곡, 한울타리 노래)
**어느 소녀의 사랑 이야기** (박건호 작사, 이범희 작곡, 민해경 노래)
**무정부르스** (박건호 작사, 김영광 작곡, 강승모 노래)
**눈물의 파티** (박건호 작사, 이범희 작곡, 조용필 노래)
**우린 너무 쉽게 헤어졌어요** (박건호 작사, 김희갑 작곡, 최진희 노래)
**당신도 울고 있네요** (박건호 작사, 최종혁 작곡, 김종찬 노래)
**이 거리를 생각하세요** (박건호 작사, 오동식 작곡, 장은아 노래)
**보이네** (박건호 작사, 김명곤 작곡, 나미 노래)
**빙글빙글** (박건호 작사, 김명곤 작곡, 나미 노래)
**찰랑찰랑** (박건호 작사, 이호섭 작곡, 이자연 노래)
**바람이었나** (박건호 작사, 방기남 작곡, 정수라 노래)
**새끼 손가락** (박건호 작사, 최주호 작곡, 정종숙 노래)
**내 곁에 있어주** (박건호 작사, 김영광 작곡, 이수미 노래)
**토요일은 밤이 좋아** (박건호 작사, 이호준 작곡, 김종찬 노래)
**환희** (박건호 작사, 김명곤 작곡, 정수라 노래)
**빈 의자** (박건호 작사, 최종혁 작곡, 장재남 노래)
**연인들의 이야기** (박건호 작사, 계동균 작곡, 임수정 노래)
**아버지의 의자** (박건호 작사, 김희갑 작곡, 정수라 노래)
**인어 이야기** (박건호 작사, 김기웅 작곡, 허림 노래)
**기다리게 해놓고** (박건호 작사, 장욱조 작곡, 방주연 노래)
**고귀한 선물** (박건호 작사, 오동식 작곡, 장은아 노래)
**서울** (박건호 작사, 이범희 작곡, 이용 노래)
**모나리자** (박건호 작사, 조용필 작곡 · 노래)
**아베마리아** (박건호 작사, 계동균 작곡, 김승덕 노래)
**어젯밤 이야기** (박건호 작사, 이호준 작곡, 소방차 노래)
**구름 같은 인생** (박건호 작사, 김영광 작곡, 이자연 노래)
**외로워 마세요** (박건호 작사, 김영광 작곡, 조용필 노래)
**내 인생은 나의 것** (박건호 작사, 방기남 작곡, 민해경 노래)
… 등 …

**3천여 곡 발표**

박건호 시집
그리운 것은 오래 전에 떠났다

지은이 / 박건호
발행인 / 김재엽
발행처 / 한누리미디어
디자인 / 지선숙
표지디자인 / 김대승
저자 캐리커처 · 본문 일러스트 / 장재남

110-816, 서울시 종로구 부암동 185-5번지 4층
전화 / (02)379-4514, 379-4519
Fax / (02)379-4516
E-mail/hannury2003@hanmail.net

신고번호 / 제300-2006-61호
등록일 / 1993. 11. 4

초판발행일 / 2007년 1월 1일

ⓒ 2007 박건호 Printed in KOREA

값 8,000원

※ 잘못된 책은 바꿔드립니다.
※ 저자와의 협약으로 인지는 생략합니다.

ISBN 89-7969-298-6  03810